GJT

Anno 2106

Dello stesso autore

Pensieri Biologici - 2003 Edizioni Nuove Scritture
Verità Relativa - 2005 Sofia Editore
Il cacciatore di pietre - 2010 Edizioni Odissea
Scritti alla fine del mondo - 2012 Sofia Editore
Manuale di sopravvivenza all'imminente implosione del Sistema - 2014 Sofia Editore
Contaminazione - 2014 Sofia Editore
Il punto di vista di Dio - 2015 Angelica Editore
La casa di ghiaccio - 2015 Edizioni dell'Orso

e-mail: j.tirelli@virgilo.it

Le migliori medicine nascono da un seme.
Le peggiori da una formula chimica. GJT

Oggi, scacciato dalla morale religiosa, Satana si delocalizza e si scioglie nel sociale. Entra nei moderni tribunali della coscienza laica con un *look* tutto nuovo. Un diavolo che veste Prada. Terziarizzato, immateriale, interiorizzato e, soprattutto, medicalizzato. Un maligno da psicologi e dietologi più che da teologi. Un demonio interinale micro-fisicamente nebulizzato in mille piccole tentazioni e altrettanto piccole demonizzazioni che ci aiutano ad orientarci tra un bene ed un male ad assetto variabile, più mutevoli degli indici della borsa. Dal colesterolo ai radicali liberi, dai grassi idrogenati ai raggi UVA. Dal sovrappeso agli inestetismi. Dalla mucca pazza all'effetto serra. E così il simbolo del male diventa sintomo di malessere. È tutto quel che resta del diavolo nell'era della flessibilità, che ha tolto il posto fisso anche a Belzebù.

Marino Niola

Gianni John Tirelli

LA BESTIA CHIMICA

Monsanto Editore

DISSERTAZIONE

Se non siamo in grado di percepire il mondo al di fuori delle nostre esperienze personali e astratte convinzioni - se non voliamo oltre le attenuanti e i relativismi per liberarci dai filtri del pregiudizio che ci precludono un'analisi oggettiva e disincantata del nostro presente e, più in generale, del significato stesso della vita, non potremo mai misurarci ad armi pari con le forze del male, né intravvedere l'ombra di un futuro.

Quell'abominio incommensurabile che oggi si sta consumando sulla Terra è il risultato di un ultimo efferato piano d'attacco che il Male ha sferrato contro Dio, assoldando a suo scopo tutti quegli uomini di potere che Lui stesso ha scelto e selezionato sulla base della loro predisposizione a delinquere e a mentire. In questo modo intende colpirlo al cuore, uccidendo i suoi figli e contaminando irreversibilmente il Creato.

Tutto è oramai perduto! I rintocchi della campana della chiesa abbaziale di Melk ci avvertono dell'imminente apocalisse, mentre gli uomini, indaffarati nel chiacchiericcio e ripiegati sui i loro insani egoismi, sacrificano i loro figli all'Anticristo. *"Quel giorno colonne di demoni si incamminarono sulla Terra poiché qualcuno aveva aperto i sigilli..."*

Abbiamo ripudiato i doni che la Madre Terra, nella sua immensa generosità, ci aveva elargito in abbondanza per placare le nostre ansie, per essere felici, per guarire da ogni malattia, per curare le ferite e ogni dolore. Di contro, noi, sedotti dalle lusinghe del Sistema Bestia, "facciamo la spesa" al mercato di Satana, alimentandoci del suo sterco chimico, assecondando le nostre debolezze e dipendenze, e dando sfogo nostri peggiori istinti. In questo modo la Bestia ci ha corrosi, corrotti nello spirito e nel corpo. Ha contaminato il nostro habitat, senza che un moto di indignazione e di repulsa facesse breccia nel nostro cuore.

Un mondo al contrario, dunque, dove gli elementi di terra, acqua, aria e fuoco hanno subìto un'opera di contaminazione senza precedenti nella storia del mondo. Così la libertà si è fatta licenza, la furbizia intelligenza, il progresso catastrofe ambientale. La libertà è degenerata in un esercizio compulsivo volto alla soddisfazione sistematica di ogni vizio e perversione. E anche l'immagine di Dio si va trasfigurando in icona mefistofelica. Chi disconosce l'esistenza di un principio generatore di ogni cosa, dovrebbe allora spiegarci i motivi e i processi che generano la vita, dandone una pratica e inconfutabile dimostrazione.

Scienziati e ricercatori, oscuri figuri alle dipendenze del Demonio, sono convinti di potere ricreare la vita attraverso la reazione fra sostanze chimiche. Ma la vita non è l'effetto di reazioni chimiche, bensì della semina. E le sementi sono gelosamente custodite dentro il cuore infinito del Grande Sognatore Celeste e soggette a Copyright universale.

Se uno scrupoloso ricercatore rilevasse con cura tutte le componenti chimiche contenute in un chicco di grano e ne

producesse una fedele replica in laboratorio, tale seme artificiale non potrebbe mai germogliare in mancanza del
"soffio divino".

Dovremmo dunque sapere che l'essere umano non si è
auto-generato in virtù di una sua volontà trascendente, ma
che è il frutto di una creazione. Pertanto non è in grado di
potere ricreare lui stesso la vita dal nulla, senza dovere at-
tingere ad elementi di vita già esistenti. L'uomo è solo
un'infinitesima parte della creazione, e non può che limi-
tarsi a copiare, a manipolare, attraverso quell'opera di profanazione e violazione che lo sta portando dritto verso
l'estinzione certa.

* Alcuni passaggi di questo testo sono frutto di una ricerca in Rete,
riconoscibili dal diverso carattere di stampa.

ASSASSINI SENZA VOLTO

I nuovi assassini di questo tempo alla fine sono invisibili, subdoli e silenziosi, mimetizzati sotto forma di contaminanti di sintesi dispersi nell'aria, nelle acque, fin dentro le falde più profonde e sul territorio. Viaggiano indisturbati nella catena alimentare, nelle scie chimiche, sotto forma di farmaci, medicinali, detersivi, detergenti, droghe sintetiche, merendine industriali e bibite gassate. Crudeli assassini travestiti da campi magnetici, da microonde, da radiazioni ionizzanti sparate a raffica dai nostri cellulari, sui cromosomi degli immaturi cervelli in fase di sviluppo dei nostri figli, predisponendoli a future patologie tumorali, neurodegenerative, e disturbi cronici di ogni tipo e genere.

È l'innovativa strategia di Satana, che ha asservito a se i peggiori individui delle società occidentali inserendoli nei vari posti di comando per rendere operativo quel progetto di manipolazione, di omologazione e di schiavitù di massa che lo stesso nazismo non era stato ancora in grado di portare a compimento. Un piano sofisticato, un disegno diabolicamente geniale architettato con cura, e che all'esplicita oppressione, crudeltà e violenza, ha sostituito la seduzione, l'illusione, la licenza e la menzogna ripetuta, facendo leva sugli istinti più bassi degli individui, sulle loro debolezze strutturali fino a costringerli alla totale dipendenza dal Sistema Bestia: il Grande Distruttore.

L'inquinamento ambientale prodotto dal capital/liberismo in questi decenni, ha fatto terra bruciata di ogni forma di vita. Così non c'è più niente da pescare, da cacciare, un orto da coltivare e, più in breve, la possibilità di procurarsi autonomamente quel cibo, al fine di soddisfare i bisogni primari della gente. Ci è stato impedito di seminare secondo le leggi della Madre Terra, costringendoci ad acquistare al Mercato del Grande Malfattore, sementi geneticamente modificate; ortaggi e animali da cortile, clonati e pompati, e quella lunga lista di sostanze cancerogene che devastano i corpi dei nostri figli.

L'obiettivo di tutto questo è di controllare la catena alimentare globale, per renderci schiavi, dipendenti dalla loro insanguinata mercanzia – non che sterco del diavolo.

Questo non ha niente a che vedere con l'idea di alimentare il mondo. Il vero scopo è di aumentare gli introiti delle grandi corporation dell'industria chimica, biotecnologica e dell'ingegneria genetica e cancellare ogni nostra risorsa, capacità, e residua volontà - renderci inoffensivi, per poi schiacciarci come un pugno di mosche, ronzanti e fastidiose. Noi, le inconsapevoli cavie di laboratorio di un progetto sperimentale di stampo nazista di dimensioni planetarie, che terminerà con "la soluzione finale".

IL TRASFORMISMO DEL DIAVOLO

"Le schiavitù più crudeli si presentano sempre travestite da libertà".

Come diceva Paul Valéry, il diavolo diventa come Dio. Entrambi esistono, ma solo in noi e insieme formano una coppia inseparabile di divinità latenti. Come dire che la modernità lascia all'uomo la scelta tra il bene e il male. Tra resistere alle tentazioni del peccato o, al contrario, cedere deliberatamente cancellando così l'idea stessa di peccato; una rivoluzione che finisce per fare del diavolo il simbolo della vittoria del piacere e della libertà. Il Liberismo Relativista è l'ultimo dei trasformismi del Male, sotto la cui maschera si cela Satana in persona. Con il Nazismo, si apre la strada al relativismo reale ad opera dei suoi seguaci.

Oggi sconfiggere il male è pura utopia. Il Sistema Liberista Relativista lo ha adottato come punta di diamante della sua strategia e in seguito commercializzato su scala planetaria.

Così, si è integrato in ogni settore della vita pubblica e privata, occupando le istituzioni, il parlamento, proliferando dentro la Chiesa Cattolica, terreno di coltura dell'Anticristo. Si cela sotto le sembianze di banchiere, di parroco di provincia, di potente imprenditore, di uomo di scienza, di finanza e seducente puttana al soldo del potere.

Si manifesta in forma di scie chimiche, radiazioni cellulari, di bombe intelligenti, al fosforo, atomiche e batteriologiche; si occulta nelle merendine dei nostri figli, nei loro giochi, fin dentro i loro sogni, e in tutto ciò di cui ci alimentiamo e dissetiamo; scorre fra le acque di fiumi, mari e falde, sospeso nell'aria delle nostre città, come percolato nelle discariche, diossina negli inceneritori, fango nei depuratori, e, mascherato da scorie, rifiuti e spazzatura, disperso sul territorio.

Da sommo trasformista, assume le più svariate identità, travestito da doping, da amianto, elettromagnetismo, radiazione, diserbante, pesticida, fertilizzante, colorante, migliorativo, conservante, dolcificante, neonicotinoide, pcb, polvere sottile, monossido di carbonio, metallo pesante, microonda: il tutto raccolto infine sotto l'inquietante locuzione di "Progresso tecnologico". È schiuma di shampoo, balsamo, detersivo sgrassante e detergente, polvere sbiancante, emolliente, candeggiante; è crema ristrutturante, rigenerante, tonificante e astringente; liquido frenante, lubrificante; è pillola blu, rossa, gialla, bianca e verde, capsula, farmaco, psicofarmaco, pastiglia, sciroppo, tintura e dentifricio. Interagisce con i moderni mezzi di comunicazione, annullando negli individui ogni parametro di riferimento e di comparazione oggettiva, trasfigurando l'informazione in un'inedita torre di Babele, dove tutto è il contrario di tutto, e dove ogni verità è relativizzata da un soggettivismo in tempo reale, sull'onda dell'ultima notizia del momento. È dunque in cielo, in terra e in ogni luogo, onnisciente e onnipresente. Trasuda sangue dagli schermi piatti del nostro televisore al plasma, sponsor di punta di quel piano di distruzione globale che, da scaltro e furbo affabulatore di folle, aveva pianificato nei millenni, in attesa che l'uomo di quest'epoca dissennata gli avrebbe servito un giorno su di un piatto d'argento questa magnifica occasione. E adesso il Diavolo è qui con noi, dentro di noi, pronto a sferrare l'attacco finale al cuore della Terra.

Da una ventina di anni la Bestia ci attacca 'dall'alto dei cieli' irrorandoci in maniera sempre più frequente con le scie chimiche. Le analisi di tali scie rivelano la presenza di: alluminio, bario, quarzo, cobalto, manganese, silicio, torio, arsenico, piombo, mercurio, uranio, zinco, stronzio, rame, selenio, titanio, fosforo, litio, zolfo, calcio, dibromuro di etilene, cloruro di acelticolina, batteri pseudomonas aeruginosa, batteri pseudomonas fluorescens, batteri serratia marcescens, streptomiceti, virus, retrovirus, batteri, micoplasmi, funghi, spore, muffe, parassiti nematodi (ovvero vermi), globuli di sangue essiccato, sostanze sedative, fibre, polimeri. Tutto questo sterco di Satana disperso nell'aria, non è che l'ultimo atto di quel piano di sterminio di massa architettato dalla Bestia Sistema allo scopo di renderci inoffensivi e schiavi per il resto della nostra vita.

La possessione entra in ballo quando il soggetto ferito, represso e frustrato dall'incapacità di adeguarsi alle regole civili, non che digiuno di quella forza di volontà necessaria che gli consentirebbe la reale possibilità di ambire ad una condizione sociale dignitosa, non è in grado, per nessun motivo al mondo, di accettare le cause oggettive che hanno prodotto una tale lacerazione. E, pur di mettere in atto la sua vendetta contro quel mondo che reputa ostile, si appella all'intercessione e all'intrusione del maligno. In cambio, il Demonio pretende una totale sudditanza e le consegne immediate di ogni sentimento della sfera umana che sia in contrasto con le ragioni del suo progetto necrofilo.

Il potere economico, mediatico e politico rappresenta oggi le roccaforti all'interno delle quali i servi di Satana pianificano strategie deputate all'omologazione del pensiero unico, al plagio, al raggiro e alla corruzione.

Veramente pochi oggi, nel mondo occidentale, sono capaci di riconoscere la presenza del maligno e di codificarne alcuni atteggiamenti e specifici comportamenti che ne confermano l'esistenza e la portata distruttiva.

Il Liberismo Relativista è l'ultimo dei trasformismi del Male, sotto la cui maschera si cela Satana in persona. Con il Nazismo, si apre la strada al relativismo reale ad opera dei suoi seguaci.

Oggi sconfiggere il male è pura utopia. Il Sistema Liberista Relativista lo ha adottato come punta di diamante della sua strategia e in seguito commercializzato su scala planetaria.

CERTEZZA SCIENTIFICA
UN OSSIMORO SATANICO

Ciò che accade per caso, non è semplicemente qualcosa che sfugge al nostro controllo. Ciò che accade per caso è quel processo attraverso il quale Dio si manifesta per impedire alla ragione umana di impantanarsi dentro le sabbie mobili della sua logica sterile e raziocinante, che lo condurrebbe dritto verso l'autodistruzione.

L'immagine che oggi il mondo da, di se stesso, è la spietata conferma di una tale considerazione, dove sull'affermazione assurta a dogma "nulla deve essere lasciato al caso", si intende dimostrare attraverso la "prova scientifica" di definire la bontà o meno di una qualsiasi scelta e comportamento. Ed è questo il motivo della nostra odierna e miserabile condizione umana, etica e socio/ambientale.

Tutta la storia del mondo, dall'alba dei tempi fino agli albori della "rivoluzione industriale", è stata tutto un susseguirsi di casualità, di interazioni fra le cose non dipendenti dalla volontà umana e dalla ragione. In quanto, l'uomo di un tempo confidava (in virtù di una fede connaturata nel sovrannaturale) in un intervento trascendente dall'alto, capace di indirizzare nel verso giusto le sue intuizioni, aspirazioni e ipotetiche scoperte.

Con la rivoluzione industriale e le teorie illuministe, che esaltavano la ragione a solo mezzo idoneo per il raggiungimento della felicità e della giustizia sociale, tutto è stato ribaltato, manipolato e sconnesso, fino a ridurre l'umanità a meri oggetti prodotti in serie, omologati e asserviti alle logiche di un Sistema, che per loro ha redatto un "libretto di istruzioni" al quale attenersi rigidamente in ogni suo punto, comma e nota.

Non troveremo mai la nostra strada o qualsiasi altra cosa che sia di questo mondo, se non lasciamo che il Caso faccia la sua parte.

La totale assenza di etica e di scale di valori, nelle moderne società occidentali, sta nell'avere degradato il "Caso" a incidente tecnico e, deliberatamente, non voluto comprendere la sua fondamentale e irrinunciabile funzione di giudice supremo di ogni nostro atto e primaria fonte di vera conoscenza positiva.

Il Maligno, di cui oggi è pregna l'umanità, altro non è che la causa, la reazione, indotta dall'avere soppresso la "casualità" a favore della certezza scientifica, ritenendola un impiccio, un ostacolo a ciò che l'uomo di quest'epoca ha forzatamente e deliberatamente definito progresso ed evoluzione.

Sentire parlare ancora di "certezza scientifica" nonostante il lapalissiano disastro prodotto all'uomo e all'ambiente in questi decenni, mi fa rabbrividire - una calamità che non ha risparmiato niente e nessuno. Un'opera di distruzione di massa che ha tradotto tutto in chimica, plastica, tecnologia e montagne di rifiuti, e che non ha precedenti nella storia di questo pianeta – un atto di estrema incoscienza e di profanazione, al mero scopo di trarre profitti vivisezionando l'opera di Dio.

La locuzione "certezza scientifica", del resto, descrive con efficacia il contrasto logico di una tale affermazione, codificandola a buon diritto fra la sconfinata categoria dei moderni e catastrofici ossimori, oggi adottati in massa a regole comportamentali.

Sono gli effetti sulla natura e sull'ambiente a decretare la bontà o meno di un'azione.

L'avere deviato il corso della "casualità trascendente" ritenendola un impiccio, un ostacolo a ciò che l'uomo di quest'epoca bastarda ha forzatamente e deliberatamente definito progresso ed evoluzione per imporre la "certezza scientifica", ha prodotto una sorta di apocalisse strisciante che non risparmierà niente e nessuno.

Del resto la scienza occidentale non può provare un bel niente di niente se non provocare continui disastri, appellandosi all'ormai famosa frase, "NON E' ANCORA STATO SCIENTIFICAMENTE PROVATO", al fine di dissimulare la pericolosità delle sue supposte e presunte "scoperte" e mettersi al riparo di ogni oggettiva responsabilità.

LA NUOVA DOTTRINA DEL MALE

Il Maligno è un'entità astratta, occupante, fatta della stessa sostanza del nulla che, subdolamente, si insinua e dimora nella mente dell'uomo e che oggi, diversamente da un tempo, possiede il suo cuore e la sua anima. Il male avanza e si fa spazio quando il bene retrocede.

In un passato neanche troppo lontano, il Maligno era circoscritto all'individuo e le possibilità di contagio all'interno di un gruppo erano quasi inesistenti; oggi, invece, gli uomini sulla Terra sono come cellule tumorali, che moltiplicandosi e ingrossandosi a dismisura (ipertrofia e iperplasia) compromettono irrimediabilmente il funzionamento di un organo o dell'intero organismo.

Ciò significa che quanto sta accadendo oggi sul nostro pianeta avviene secondo lo stesso meccanismo che origina il cancro. Il Sistema Liberista Relativista è il cancro e noi (gli individui) le cellule cancerogene.

Ridurre la causa di tutto ciò a un fattore tecnico, imputabile alla sola azione dell'uomo, è estremamente semplicistico e limitativo, poiché sottintende la possibilità di una soluzione altrettanto tecnica, in grado di riconvertire la situazione.

In verità c'è qualcosa di più, di molto più serio e inquietante: l'intervento del Maligno.

La Bestia comincia la sua vera escalation durante la prima e la seconda guerra mondiale, quando il 'tecnoindustrialismo' ateo e pagano iniziò a mostrare la sua indole necrofila. Con il nazismo, prima e con il Liberismo Relativista poi, la Bestia entrò di diritto all'occupazione del potere più diabolico che mai nessun pianeta del sistema solare aveva conosciuto prima di allora.

Tutto ha inizio con la rivoluzione industriale: le prime scoperte, le macchine, la tecnologia e la scienza più in generale. Una tale mutazione e degenerazione socioculturale, ha rimosso ogni preesistente regola, parametro e impianto etico, azzerando ogni individualità, personalismo e slancio rivoluzionario. Divenne facile, in questa situazione, commercializzare, mercificare e imporre la nuova dottrina del Male! In breve tempo, ne derivarono omologazione, appiattimento e immobilità, non che la relativizzazione delle scelte dell'individuo e dei suoi comportamenti.

E fu proprio a questo punto che il Maligno trovò terreno fertile per attuare il suo progetto necrofilo di sterminio, occupando quello spazio vuoto un tempo destinato alla ragionevolezza e al libero arbitrio.

La prima e seconda guerra mondiale sono state le prove prima del debutto.

E anche se il piano demoniaco del nazismo non era ancora in grado di contrastare l'ultimo avamposto etico e i suoi irriducibili anticorpi, le metastasi del Maligno avevano ormai già intaccato i gangli vitali della società occidentale. Con l'avvento, poi, dei mezzi di comunicazione mediatici (radio, televisione e seducente propaganda) e con la loro capacità invasiva e di plagio, si è prodotto quello che oggi è il Capital Liberismo Relativista, coronamento di una vittoria senza precedenti nella storia del Male.

Non esistono efficaci tecniche e strategie (vista la sua virulenza e la moltitudine di seguaci, potenti e dominanti), in grado di combattere e contrastare la Bestia.

Dobbiamo sapere riconvertire il maligno in benigno; rinunciare al Sistema, alle sue dipendenze e seduzioni, alle sue invitanti ed effimere promesse di felicità e di immortalità - recuperare la perduta consapevolezza, l'autosufficienza e l'autonomia.

In breve, dobbiamo fare un passo indietro e riassorbire tutti quei valori e principi etici che abbiamo svenduto e barattato con il Maligno (il Sistema Liberista Relativista) rinunciando per sempre al vero senso della vita, alla spiritualità e alle sue ragioni.

LO STERCO DEL DIAVOLO
IL PENSIERO DI ERICH FROMM

Scienziati, filosofi, letterati, sociologi e antropologi si interrogano sull'origine delle nostre società moderne e sui loro effetti nefasti sugli individui (degenerazione, omologazione, necrofilia, deriva etica e morale) e sull'ambiente tutto. La risposta ad un tale interrogativo va ricavata dalla lettura delle Sacre Scritture, che in forma di metafora collocavano l'inferno al centro della Terra, all'opposto del paradiso, situato nell'alto dei cieli. L'inferno, solitamente identificato con un mondo oscuro dominato dalle fiamme e dalle tenebre e sotterraneo, è collegato all'operato di quel dio, quella creatura superiore, che ha originariamente introdotto nella Creazione l'errore, la menzogna, il peccato, e, in definitiva, "il principio distruttivo dell'ordine delle cose". Tale creatura superiore si identifica col diavolo – con la divinità del Male. Il paradiso, diversamente, indica un luogo di piacere finale, sereno e non soggetto al trascorrere del tempo, un luogo caratterizzato da pace e felicità. Questa differenziazione di merito fra le due dimensioni metafisiche (distinzione relativa alla loro diversa funzione) non è casuale ma terribilmente profetica, individuando nel sottosuolo terrestre (inferno: posto in basso) la causa della nostra condanna, e nella zona aerea celeste le ragioni della nostra salvezza.

Pertanto l'errore (o peccato originale) che ha innescato questo processo degenerativo della coscienza umana si consuma agli albori della Rivoluzione Industriale quando, in virtù delle nuove invenzioni e dell'Energia necessaria al loro funzionamento, l'uomo (in maniera del tutto innaturale) ha rivolto la sua attenzione alle profondità della Terra, mettendo così in atto quell'opera di profanazione e di violazione che in seguito ne ha determinato la condanna.

Se siamo in grado di dare un'interpretazione logica, corretta e conseguente alla narrazione biblica riguardo a questo tema, possiamo dedurne il significato più remoto: l'Energia profonda è di natura maligna e quindi distruttiva, l'Energia alta è di natura divina, creatrice e salvifica. L'inferno quotidiano che oggi sta divorando i residui barlumi di felicità e di speranza di un'umanità smarrita (defraudata da ogni principio etico, morale, e avvolta dalle tenebre di una persistente paura esistenziale) è l'ovvia conseguenza indotta dal superamento dei ragionevoli limiti, oltre i quali ogni felicità trasfigura in orrore. Questa subdola "modernità "ne è la conferma inopinabile; la prova del nove che prescinde da ogni altra considerazione.

Petrolio, gas, carbone e minerali/materiali radioattivi che, come in preda ad un'arsura nevrotica, abbiamo sottratto senza sosta al sottosuolo terrestre sono la rappresentazione iconografica dello "sterco del Diavolo", in cambio del quale abbiamo barattato la nostra anima e il futuro delle nuove generazioni.

Abbiamo scoperchiato il "vaso di Pandora" e liberato quella maledetta energia che la Volontà creatrice aveva, da sempre, sotterrato e imprigionato sotto i nostri piedi. Così ogni cosa è stata contaminata e violata; ogni acqua, ogni terra e ogni aria.

Il cuore dell'uomo si è incenerito sotto la luce rovente della modernità e le passioni, i sogni, i sentimenti, le atmosfere e le emozioni si sono dissolti come fumo nel vento. Avremmo dovuto rivolgere il nostro sguardo al cielo, sull'esempio delle grandi e illuminate civiltà del passato, e seguirne il cammino con la necessaria umiltà, con deferenza e con il dovuto timore.

La Rivoluzione Industriale si è presto trasformata in una rovente fucina, dove Satana in persona ha forgiato a sua immagine e somiglianza l'originaria natura umana, depotenziandola da ogni slancio creativo e passionale.

LA FAME CHIMICA CREA DIPENDENZA E ASSUEFAZIONE

"La maggiore astuzia del male è la sua trasforma-
zione in dio domestico e discreto, la cui familiare
presenza rassicura". Nicolás Gómez Dávila

Quel periodo storico che va dalla rivoluzione industriale ai giorni nostri, si colloca in quello spazio temporale durante il quale Satana, la Bestia, ha messo a punto il suo piano di manipolazione e omologazione delle coscienze per asservire gli uomini della Terra al suo volere.

La Bestia (che è ben consapevole della potenza di Dio) ha trascorso la sua prima parte dell'eternità limitandosi a disseminare epidemie, pandemie, e innescando guerre fra gli Stati, fra le religioni e fra le varie civiltà che si sono susseguite nei millenni, ma con un risultato deludente, tanto che il bene, per una sorta di legge di causa ed effetto, tornava a ricompattarsi di volta in volta più forte, più combattivo e più consapevole di prima. Con la rivoluzione industriale, invece, Satana è stato in grado (in un tempo relativamente breve) di dare forma ad armi di distruzione di massa dagli effetti apocalittici, ma la cui evidente crudeltà vanificava ogni suo progetto di sottomettere l'umanità attraverso l'uso della forza e del terrore. Così la pace tornava ad essere la meta da perseguire, per sancire uno spartiacque invalicabile fra bene e male, oltre ogni soggettivismo e interpretazione relativa.

Il Libersimo - soggetto trasformista per definizione - è in realtà una metastasi sotterranea strisciante del nazional/socialismo che sotto le sembianze del "buon samaritano", cela ad arte la sua natura mefistofelica.

Il Neoliberismo rampante (che subito dopo la seconda guerra mondiale - 60.00.000 di morti - esibiva con orgoglio la sua perversa natura diabolica), aveva allora ben compreso l'inopportunità e le difficoltà circostanziali relative alla messa in atto del suo piano di schiavitù e di sfruttamento delle masse, nei modi e nei tempi caratteriali di un regime totalitario. Appariva così più sensato, proficuo e meno impegnativo, sottomettere, asservire e manipolare gli individui, facendo leva sui loro lati peggiori, sulle loro debolezze, concedendo loro la soddisfazione/realizzazione di ogni più turpe desiderio, bisogno, vizio e perversione - costringendoli alla dipendenza e all'assuefazione, in virtù di un'opera di plagio mentale di massa, che si prefiggeva di scardinare ogni preesistente scala di valori, principio etico e parametro di riferimento oggettivo, allo scopo di facilitare la commercializzazione e l'acquisto di ogni bene e bisogno prodotto dalla Bestia Sistema, senza alcun ostacolo di natura morale, etica e di critica personale.

Così la Bestia, nonostante la riluttanza iniziale, ha messo in atto il suo ennesimo e più subdolo travestimento, fingendosi quel bene superiore che prometteva vero benessere, fratellanza, progresso e autentica felicità; un bene dai risultati miracolosi e immediati (in tempo reale) ma che in verità nascondeva fra le piume gli artigli di una scandalosa quanto grottesca contraffazione della realtà dagli effetti collaterali devastanti, per l'uomo e per la natura.

La nuova e innovativa arma di distruzione di massa della Bestia è invisibile, silenziosa e dal nome apparentemente innocuo di "composto chimico".

Consiste in un preparato ad alta tossicità prodotto negli

infernali laboratori da potenti seguaci del mondo occidentale, assoldati in cambio di ricchezza, potere, di perversione e immortalità.

L'industria chimica resta pertanto la figlia prediletta della Bestia, capace di contaminare in maniera irreversibile ogni forma di vita, grande o infinitesimale che sia. Il composto chimico, come l'effetto di una droga, porta alla dipendenza e all'assuefazione, deflagrando all'interno degli organi come una bomba ad orologeria e innescando patologie di ogni sorta e genere, un tempo del tutto sconosciute fra le popolazioni del pianeta.

E costringendo il paziente a curarsi con le stesse sostanze che hanno determinato l'insorgere della malattia. Una vera beffa!

La quasi totalità degli individui del mondo occidentale industrializzato sono affetti (chi più e chi meno) da un congruo numero di patologie, organiche e neurologiche, relative all'assunzione di cibo e di acqua contaminati, e che, i "poverelli", immaginano di potere combattere facendo uso di farmaci (principi attivi) che, per la loro natura, per le controindicazioni e gli effetti collaterali, non potranno che acuirne il disagio e la virulenza, vanificando ogni presunta e auspicata guarigione.

Oggi, tutta la catena alimentare è totalmente compromessa da un'infinita lista di sostanze chimiche cancerogene, prodotte in forma parossistica da altrettante fabbriche fumanti, e che la Bestia Sistema disperde sul territorio e nelle acque con la facilità di chi ottempera ad un diritto.

Si tratta di antiparassitari, diserbanti, pesticidi, fertilizzanti, e di particolari insetticidi a base di isomeri strutturali del gruppo degli idrocarburi alogenati, come l'esaclorocicloesano (BHC), oggi presente in percentuali elevatissime nelle acque di fiumi, laghi e falde.

Decine di migliaia di capi di bestiame, ogni anno, ne

muoiono, mentre altri ancora vengono abbattuti per essere nati con malformazioni genetiche di ogni tipo.

Gli effetti che l'assunzione protratta di tutta quella lunga serie di sostanze chimiche, presenti nella catena alimentare e in tutti quei beni e prodotti industriali commercializzati sul mercato di Satana come miracolosi e di bontà infinita provocano sulla psiche umana sono gli stessi attivati dalla nicotina o da qualsiasi altra droga: dipendenza e assuefazione.

Ma i danni più evidenti si riscontrano a livello degli organi, che, non essendo più in grado di riconoscere la natura degli intrusi, annichiliscono la propria funzione originaria, necrotizzando così le loro stesse cellule e sviluppando patologie tumorali e malesseri di ogni tipo.

Nell'uomo di questo secolo maligno si è estinta l'osservazione, la percezione e la capacità di discernimento, perché noi abbiamo delegato al Sistema Bestia ogni responsabilità oggettiva, ogni personalismo e ogni giudizio critico.

Tutto ciò che in realtà acquistiamo e consumiamo meccanicamente al mercato del Grande Malfattore, non è che la contraffazione sistematica di qualcosa che assomiglia vagamente alla sua forma originaria, ma che, nella sostanza, è un concentrato di estrogeni, ormoni, fertilizzanti, antiparassitari, antibiotici, "migliorativi", pesticidi, aromi sintetici, coloranti, conservanti e tossine concentrate.

Così un pollo non è un vero pollo, ma una mina vagante pronta a fare saltare il nostro sistema nervoso e destabilizzare quello immunitario, perché noi siamo incapaci di decifrare e codificare la reale natura dei nuovi intrusi e di reagire di conseguenza. Un tale pollo non ha vissuto felice razzolando nell'aia fra oche, anatre, cani, conigli e gatti, ma dietro le sbarre fredde e angoscianti di un loculo metallico, beccando pattume industriale alla luce accecante di una lampada alogena. Come pensiamo di potere essere belli, in forma e felici, ingurgitando tali diavolerie?

L'esempio del pollo è estendibile a qualsiasi prodotto, che sia animale o vegetale. Tutti noi, in verità, siamo quel pollo: tristi e apatici, indolenti e flaccidi, costretti dentro un limbo gelatinoso brulicante di paranoie, ansie e ipocondrie. Una vita apparente scandita ad ogni ora del giorno da acciacchi e dolori di ogni genere.

Pertanto, tutta questa montagna di merda infetta che con inaudita crudeltà la Bestia Sistema (in sfregio ad ogni principio etico e deontologico) spaccia per buone e fatte 'con l'amore della nonna' finiscono per accanirsi sulla nostra esistenza e quotidianità, acuendo il nostro disagio fisico, morale e psicologico. È a questo punto che la Bestia estrae il suo ennesimo coniglio dal cilindro delle illusioni, indicandoci il nuovo miracoloso farmaco a cui ricorrere, peggiorando ulteriormente la nostra condizione patologica e inducendoci all'assuefazione.

Come può sentirsi appagata una società che si alimenta di "cose morte", manipolate, contraffatte e infelici per definizione? Quali benefici può apportare un'alimentazione alla quale, negli ultimi '50 anni (passo dopo passo) è stato sottratto ogni principio nutritivo, curativo e tonificante? Una vera pacchia per l'industria della chimica di Satana che, alla pari della televisione e alla tecnologia, è in assoluto la più grande tragedia della storia del mondo: ben più catastrofica dell'evento apocalittico che portò i dinosauri all'estinzione, del biblico diluvio universale e delle epidemie di peste bubbonica.

Ma ben più gravi e devastanti sono gli effetti della chimica sullo spirito dell'uomo. È il principio chimico che lo corrode e lo corrompe fino a costringerlo ad abbandonare il corpo, relegando l'individuo dentro una condizione di ateismo reale che lo spinge a decidere e scegliere esclusivamente sulla base del proprio opportunismo. La chimica porta all'autodistruzione annichilendo, fra l'altro, anche ogni concezione di libero arbitrio.

IL POTERE DELLA MENZOGNA
LA GRANDE GABBIA

"E più la menzogna è spudorata, più esorbitanti sono i loro guadagni".

La Bestia ha incentrato tutto il suo potere sulla pratica pragmatica e metodica della menzogna, dribblando ogni ostacolo di natura etica/deontologica, così da ridurre al minimo i tempi di produzione e commercializzazione di ogni bene prodotto in serie e soddisfare ogni bisogno con il minor dispendio di energie e di investimenti.

Perché, dunque, mettere sul mercato una merendina per bambini buona e genuina, scegliendone scrupolosamente, coscienziosamente e responsabilmente gli ingredienti, la assoluta qualità e i naturali principi nutritivi, quando oggi è sufficiente affermare che è buonissima, imperdibile, fatta esattamente come quella della nonna, visto che la menzogna ripetuta ad oltranza, in ogni caso, paga più di ogni altra sacrosanta verità?

La menzogna, oggi, si materializza nelle promesse dei politici alla vigilia delle elezioni e negli Spot pubblicitari che propagandano gli straordinari effetti di miracolose diete, creme snellenti e farmaci taumaturgici. Si materializza nelle parole di preti in abiti principeschi dai volti emaciati e contratti dal dolore che, da esperti commedianti navigati, promettono gioia e vita eterna ai miserabili, agli afflitti, agli ammalati e ai diseredati, standosene comodamente appartati al caldo nei sontuosi salotti vaticani, intenti a disquisire sull'immoralità dell'uso del preservativo e altre amenità del genere. Nell'arco di solo mezzo secolo, la menzogna è stata assimilata a pratica relazionale e comportamentale, generazione dopo generazione, fino a noi, che ne abbiamo fatto baluardo di civiltà, di progresso e di semplificazione.

Com'è stato possibile creare e consolidare una tale situazione degenerativa evitando l'insorgere di un qualsiasi moto di ribellione popolare?

"Ci sono campi, campi sterminati, dove gli esseri umani non nascono, vengono coltivati. A lungo non ho voluto crederci, poi ho visto quei campi con i miei occhi..."

Gli individui che compongono le moderne società liberiste, inette e rammollite, non conoscono la verità.

Questo succede perché al di fuori di quella recinzione che circoscrive la loro apparente esistenza non saprebbero sopravvivere. "Là fuori l'acqua scorre immacolata dalla sorgente fino al mare, l'aria profuma di fiori di pesco e la sera intorno al camino, là fuori, si raccontano storie fantastiche, che i bambini ascoltano ad occhi sgranati cavalcando cavalli alati volando su foreste primordiali popolate da elfi, gnomi e fate". "Là fuori la Terra è piatta e le stelle sono i desideri degli uomini appesi al grande manto celeste, perché la fuori tutto è chiaro ed evidente e il volto del male non ha le sembianze del mendicante". Ma all'interno della Grande Gabbia tutto è relativo. Così, il giusto e l'iniquo si confondono, la libertà si fa licenza, la verità contraffazione, il falso spodesta l'originale mentre lo scempio ambientale si spaccia per progresso. E intanto la bellezza si prostituisce, scandalosamente, alle lusinghe della perversione e del vizio.

Meglio restarsene buoni dentro la Grande Gabbia, dove tutto è già codificato e programmato, dove ogni più remoto barlume di consapevolezza e di discernimento è stato cancellato e principi e valori non sono che parole sconosciute e vuote di un mondo ancestrale, di una dimensione onirica e di un tempo eroico che fu.

Tutto questo, di contro, induce a forme di frustrazione, di depressione e di smarrimento panico, mentre il Sistema si inventa nuovi strumenti di comunicazione virtuale, atti a fare interagire in tempo reale i vari sentimenti di rabbia, di indignazione e di immaginifiche rivoluzioni e sommosse. In questo modo il Sistema disattiva le persone, rendendole inoffensive, tenendole impegnate e dando loro l'impressione di essere protagoniste e possibili artefici del cambiamento. Ogni soggetto è schedato, controllato, e di privato non è rimasto più nulla.

Per questa inedita specie umana non vi è alcuna speranza di riscatto essendo la sua mente oramai completamente plagiata e la sua volontà e reattività ridotte ai minimi termini. La sua passione per la Terra si è estinta e la fatica per il lavoro dei campi, un ostacolo insormontabile.

Noi occidentali, in primis, non siamo che polli in batteria. Nella Grande Gabbia ci siamo imprigionati volontariamente, dopo averla noi stessi costruita, recidendo ogni rapporto con il mondo degli spiriti. Ogni parametro di riferimento e di comparazione logica, necessari per giungere a decifrare e definire scelte oggettive di stampo etico, sono stati per sempre cancellati dalla nostra coscienza, e la nostra consapevolezza è ormai limitata all'area occupata all'interno della Grande Gabbia, dove tutti trascorriamo una vita artificiale.

Questo particolare tipo di schiavitù (eccezionale nella storia dell'umanità) ha privato l'individuo dell'alba e del tramonto, costringendolo ad un'esistenza limbica, a mezz'aria fra una presente assente e un domani inesistente. Un mutante umanoide, risultato ultimo di un processo regressivo di omologazione cognitiva che, inverosimilmente, lo stesso ha pianificato e reso operativo; un caso unico, per l'eccezionalità, nella storia dell'umanità.

Questo "singolare" esemplare umano, affetto da una particolare patologia (infantilismo cronico degenerativo), non è in grado di procurarsi il cibo, di scaldarsi, di produrre autonomamente alimenti, di soffrire e di decidere.

Un uomo privo della più remota forma di volontà, che rifiuta ogni fatica fisica, responsabilità individuale e ragione, essendosi consegnato, anima e corpo, fra le grinfie del Sistema Padrone da lui stesso partorito.

La maggior parte del suo cervello, che per milioni di anni gli ha consentito di sopravvivere, di adattarsi ed evolversi, non solo è rimasta inattiva, ma nella gran parte degli individui del mondo occidentale (nuove generazioni in particolare) è totalmente assente.

Nel frattempo il Sistema si sfrega le mani, sapendo che fuori dalla Grande Gabbia - da quella prigione - non è più in grado di sopravvivere.

L'innovativa strategia del "fingersi il bene" adottata dalla Bestia, aveva dunque lo scopo di raccogliere quanto più consenso possibile e, con il potere conseguito, imporre il suo piano di manipolazione e di omologazione della coscienza collettiva, amputando gli individui di ogni personalismo, critica e impulso rivoluzionario.

Per la Bestia, l'uomo senza volontà è la migliore e più facile preda.

In un passato non troppo lontano, la Bestia trovava conforto alle sue perversioni, insinuandosi subdolamente nella mente degli uomini e seducendoli con vane promesse di perversa felicità. Oggi, è il padrone del loro cuore.

Non è una differenza da poco, ma direi che, in maniera netta, si pone come spartiacque fra il mondo contadino e la rivoluzione industriale, terreno di cultura del suo progetto mefistofelico. Ad un certo livello di malvagità e crudeltà, poi, corrispondono effetti più o meno devastanti. Essi raggiungono il loro apice nell'Apocalisse, coronando il progetto demoniaco che nello sterminio di ogni forma umana e umanoide consacra la sua vittoria.

Furbizia e impostura hanno soppiantato l'impianto etico e sono state assimilate come pratiche relazionali quotidiane, ma non solo: si sono fatte strumento lecito, fondamentale e irrinunciabile per la sopravvivenza del Sistema di Satana.

Non dimentichiamoci poi che Il falso è un fondamentale del relativismo demoniaco e fratello gemello dell'ossimoro; i due, insieme, sono capaci di innescare tali catastrofi, da fare impallidire il nazismo.

La nostra realtà è la sconcertante proiezione di un incubo – una degenerazione morale etica e spirituale unica nella storia dell'uomo, i cui risultati sono sotto gli occhi del mondo: la catastrofe eco/ambientale in primis.

Abbiamo definito libertà la licenza e anteposto la furbizia all'intelligenza. Ad una speciale schiavitù (risultato del processo di omologazione) abbiamo dato il nome di democrazia e chiamato realtà la contraffazione.

La menzogna e la mistificazione dettano legge. La qualità è stata adulterata e contaminata e l'eccezione omologata e massificata.

Insicurezza e una totale mancanza di autostima sono l'inevitabile conseguenza della perdita dei necessari e oggettivi punti di riferimento che un tempo, come spie luminose, regolavano e monitoravano i flussi delle nostre emozioni e ne impedivano ogni forma di degenerazione.

I principi etici, regolatori e sentinelle dei comportamenti umani, oggi sono stati rimossi e vizio e paura li hanno sostituiti. Il Male, un tempo riconoscibile e collocabile, ha assunto le sembianze della normalità, espropriando lo spirito dell'uomo, privandolo, così, della consapevolezza e del discernimento.

Con la rimozione dell'impianto etico, si scardina il progetto originario che, da parametro assoluto, si degrada in caos e relativismo.

Tutto questo progetto di falsificazione e di contraffazione della realtà è stato in seguito definito, LIBERTA'.

Gli effetti dell'Illuminismo

L'illuminismo è stato un inedito movimento politico, tendenzialmente ateo e materialista che, per una semplificazione, ha coniugato (anticipandoli in forma profetica) il pensiero marxista e l'odierno liberismo, dentro un sussulto anarcoide. Tale alchimia, prodotta dalla convergenza di principi e fattori inconciliabili fra loro, ha prodotto un sincretismo gelatinoso che nell'arco di due secoli è mutato in perverso relativismo, trasfigurando la licenza in libertà, la furbizia in intelligenza e la menzogna in regola relazionale.

Dio, in quanto puro spirito (entità trascendente, concetto astratto), non era considerato dagli illuministi una verità assoluta, così come non godevano di molta fortuna gli altri misteri delle fedi e delle religioni. La maggior parte degli illuministi era convinta che l'universo funzionasse non grazie all'intervento divino, ma in virtù di un preciso meccanismo di autoregolamentazione: il ciclo perenne della natura (nascita, crescita, morte e trasformazione della materia).

Promuovere, imporre e volere "globalizzare" i lumi della ragione (pur apprezzandone le buone intenzioni) è un esercizio di illusionismo che non tiene in nessun conto le imprescindibili esigenze individuali e gli equilibri sincroni e vitali dell'esistenza, essendo la stessa ragione, per definizione, soggetta e relativa alla consapevolezza, alla capacità di discernimento, alla forza di volontà, a fattori culturali, religiosi, geografici e, più in breve, al libero arbitrio.

Quando la ragione diventa razionalità e logica e le parole che presumono spiegarla diventano i numeri infiniti di un'equazione algebrica, il risultato finale sarà un materialismo omologante e un appiattimento culturale verso il basso, scevro da ogni individualismo, personalismo, giudizio critico e sentimento di passione.

Per non dare adito a fraintendimenti di sorta (vista la delicatezza dell'argomento trattato e il rischio di diversa interpretazione), segnalo che il mio giudizio critico sulle teorie illuministe non entra nel merito del suo ambizioso quanto utopico programma, bensì sugli effetti postumi che il processo industriale e in seguito tecnologico hanno prodotto. Per brevità, se il mitico Voltaire potesse "buttare un'occhiata" sulla realtà odierna, si rivolterebbe nella tomba.

Pier Paolo Pasolini, leggendo e interpretando i segnali del suo tempo, è stato in grado di profetizzare e prevedere gli effetti futuri e nefasti della "Televisione" (il nuovo fascismo) sulla società. Ma lo scempio prodotto è andato oltre ogni più fervida immaginazione, subissando le previ-

41

sioni di questo ignaro complottista e catastrofista comunista 'ante litteram', e profeta del nostro tempo.

L'edonismo è quella condizione filosofica secondo la quale, il piacere è il bene sommo dell'uomo e il suo conseguimento il fine esclusivo della vita; qualsiasi atteggiamento estetico o sistema di vita è motivato dalla ricerca del piacere.

"Si può dunque affermare che la tolleranza della ideologia edonistica voluta dal nuovo potere è la peggiore delle repressioni della storia umana. Come si è potuta esercitare tale repressione? Attraverso due rivoluzioni, interne all'organizzazione borghese: la rivoluzione delle infrastrutture e la rivoluzione del sistema d'informazione..." Pasolini – Scritti Corsari 1975. Avere previsto o più semplicemente immaginato un mondo alla mercé dei mezzi di comunicazione e mediatici e future società che sul consumo sistematico di beni voluttuari accreditavano la loro sopravvivenza sarebbe stato troppo anche per Voltaire e illuminati seguaci.

"Gli individui, continua Pasolini, hanno accettato con entusiasmo questo nuovo modello che la televisione impone loro secondo le norme della Produzione creatrice di benessere (o, meglio, di salvezza dalla miseria). Lo hanno accettato: ma sono davvero in grado di realizzarlo? No. O lo realizzano materialmente, diventandone la caricatura, o non riescono a realizzarlo che in misura così minima da diventare vittime. Frustrazione o addirittura ansia nevrotica sono ormai stati d'animo collettivi. Per esempio i sottoproletari, fino a pochi anni fa, rispettavano la cultura e non si vergognavano della propria ignoranza. Anzi, erano fieri del proprio modello popolare di analfabeti in possesso, però, del mistero della realtà e della ragione. Guardavano con un certo disprezzo spavaldo ì "figli di papà", i piccoli borghesi, dai quali si dissociavano anche quando erano costretti a servirli.

Adesso, al contrario, essi cominciano a vergognarsi della propria ignoranza: hanno abiurato dal proprio modello culturale (i giovanissimi non lo ricordano neanche più, l'hanno completamente perduto), e il nuovo modello che cercano di imitare non prevede l'analfabetismo e la rozzezza. I ragazzi sottoproletari – umiliati – cancellano nella loro carta d'identità il termine del loro mestiere, per sostituirlo con la qualifica di "studente". Naturalmente, da quando hanno cominciato a vergognarsi della loro ignoranza, hanno cominciato anche a disprezzare la cultura (caratteristica piccolo borghese, che essi hanno subito acquisito per mimesi). Nel tempo stesso il ragazzo piccolo borghese, nell'adeguarsi al modello televisivo (che, essendo la sua stessa classe a creare e a volere, gli è sostanzialmente naturale) diviene stranamente rozzo e infelice. Se i sottoproletari si sono imborghesiti, i borghesi si sono sottoproletarizzati. La cultura che essi producono, essendo di carattere tecnologico e strettamente pragmatico, impedisce al vecchio 'uomo' che è ancora in loro, di svilupparsi. Da ciò deriva in essi una specie di rattrappimento delle facoltà intellettuali e morali. La responsabilità della televisione, in tutto questo, è enorme. Non certo in quanto mezzo tecnico, ma in quanto strumento del potere e potere essa stessa. Essa non è soltanto un luogo attraverso cui passano i messaggi, ma è un certo elaboratore di messaggi. È il luogo dove si fa concreta una mentalità che altrimenti non si saprebbe dove collocare. È attraverso lo spirito della televisione che si manifesta in concreto lo spirito del nuovo potere. Non c'è dubbio (lo si vede dai risultati) che la televisione sia autoritaria e repressiva come mai nessun mezzo di informazione al mondo: un virus letale e globale. Il giornale fascista e le scritte sui cascinali di slogans mussoliniani fanno sorridere; come (con dolore) l'aratro rispetto ad un trattore. Il fascismo non è stato sostanzialmente in grado nemmeno di scalfire l'anima del popolo italiano: il nuovo fascismo, attraverso i nuovi mezzi di comunicazione e di informazione (specie, appunto la televisione), non solo l'ha scalfita, ma l'ha lacerata, violata, bruttata per sempre...."

Ergo, la televisione genera insoddisfazione, frustrazione, repressione e depressione; devasta la mente, e in maniera subdola, invitante e seducente, trasforma gli individui fragili in mostri sanguinari.

La televisione è devianza, menzogna e relativismo. E' responsabile del degrado ambientale e della scomparsa delle antiche tradizioni e culture popolari di un tempo. La televisione è pedofilia, prostituzione, traffico d'organi, AIDS, cancro, fame e sete nel mondo, guerra, sottocultura, droga, follia e morte.

La televisione ha sterilizzato e annichilito ogni principio etico e morale, motivo per il quale trionfa e detta legge – ci racconta un presente di paura e di dolore e un futuro di perdizione e di sangue. Il suo potere maligno ha svuotato il cuore degli uomini da ogni consapevolezza e possibilità di redenzione. La televisione è emulazione: esalta il male e svilisce il bene.

Quel processo di semplificazione che ha traghettato l'uomo da un passato industrioso a un presente industriale è miseramente fallito. L'autonomia di un tempo, fonte di libertà e decoro, è degenerata in dipendenza dal Sistema e la salutare e appagante fatica dell'uomo contadino in lavoro meccanico, frustrante e senza dignità. Per tali motivi l'individuo umano cosciente e responsabile di un tempo si è involuto in umanoide robotizzato; un automa che si attiene alle regole stereotipate di un libretto di istruzioni che il Sistema gli consegna al momento della sua venuta al mondo. A un tale uomo è negata la felicità.

"Camminavo a piedi nudi, in quei giorni assolati di primavera, attraversando quell'infinito campo profumato di viole, saltando fossati di acqua immacolata, fino ai margini della fattoria - e un profumo di stalla, di latte e di fieno si mescolavano come fragranza all'odore dell'erba appena tagliata - dentro quell'atmosfera tersa da ogni contaminazione tutto era bellezza, e pace e armonia. Il mio piccolo cuore pompava goloso l'immensità del cielo e ogni emozione, bagliore e suono si facevano estasi e trascendenza. E poi arrivarono le fabbriche e niente fu più come prima. Rumori di ferraglie, di magli e di catene profanarono quel silenzio perfetto e tutti avevano qualcosa da dire. Così, un chiacchierio assordante avvolse il mio piccolo paese per sempre.

Il Nulla avanzava divorando e fagocitando ogni cosa! Il mio infinito prato di viole scomparve sotto un grande centro commerciale e così il fossato e la fattoria. I canti crepuscolari delle donne furono messi a tacere per sempre mentre la televisione, imperturbabile, dettava le sue condizioni.

Frigoriferi e lavatrici invasero le cucine, e mobili di truciolato spodestarono i tavoli e le madie di castagno.

E con la TV arrivò la spazzatura e poi le scorie tossiche, i rifiuti speciali e la discarica, e mentre tutti avevano sempre qualcosa da dire, la bruttezza sferrava il suo colpo finale pianificando e approvando l'idea di un grande inceneritore. Così il mio piccolo paese era sparito, devastato e stuprato dalla stupidità umana – sterminato di ogni sua bellezza e magia, trasformato in un lugubre cimitero di zombi parlanti, incapaci di amare, di pregare e di gioire.

E presto le mani degli uomini furono incatenate alle ragioni del profitto e del potere, asservite alle logiche di una catena di montaggio: mani umiliate dalla loro funzione primigenia e degradate ad ammennicolo, costrette a produrre orrore, rifiuti e distruzione. Quelle mani, che vorrebbero essere espressione della nostra volontà, estensione dei nostri desideri, corpo e sostanza dei nostri bisogni e dei nostri sogni.

Oggi uno spettacolo agghiacciante di orrore e di bruttezza scandisce la nostra quotidianità e un'inconscia e persistente paura, tradisce ogni sentimento di felicità e di amore".

Non troveremo pace in un mondo affollato di mostruosità e di vergogna, né la gioia e l'amore potranno mai davvero abitare il nostro cuore.

Che cosa resta oggi della bellezza, quando l'abominio e la profanazione scandiscono ogni attimo della nostra vita e ogni passione è defunta sotto la schiacciante opera di omologazione liberista?

Questi ultimi cento anni di storia sono stati caratterizzati da una crescita esponenziale della violenza, della paura e della crudeltà. Una escalation sistematica dell'orrore che non ha eguali nella storia dell'umanità. Due guerre mondiali, il nazifascismo e la bomba atomica, sono state le prove che hanno anticipato il debutto della più inimmaginabile tragedia umana che, nel Liberismo Relativista, incarna la quint'essenza del maligno al potere. Un potere di morte che ha tradotto ogni bellezza in carne da macello e la nostra anima in un desolato deserto dello spirito.

Dobbiamo dunque cercare di instillare nel cuore della gente il seme della bellezza di cui siamo portatori, così da potere cogliere quella sua scintilla divina che si cela dietro ogni singola particella del Creato.

Per questo credo anch'io, come Dostoevskij, che solo la bellezza possa salvare questo mondo dalla fine.

E per avere un dato più rispondente alla realtà, dovremmo chiedere a quel miliardo e cinquecento milioni di denutriti se il mondo in cui oggi viviamo sia migliore di quello del passato.

Dovremmo chiederlo a tutti i civili iracheni, libici, siriani, turchi e afgani e alle vittime di tutte le guerre moderne, dilaniate dalle bombe intelligenti, dall'uranio impoverito, dal fosforo bianco e dalle armi batteriologiche. Dovremmo chiederlo a tutte quelle persone sacrificate sull'altare del progresso, devastate dall'amianto, dalla diossina, dai pesticidi, diserbanti, metalli pesanti e affini e da un inquinamento endemico, che miete sistematicamente sempre più nuove vittime. Dovremmo chiederlo ai bambini abusati, seviziati e mercificati in tutto il mondo, ai corpi senza un nome i cui organi sono stati espiantati. Potremmo chiederlo alle vittime di Chernobyl e ai loro familiari, ai morti per droga, per incidenti stradali; ai morti sul lavoro, ai clandestini in fondo al mare. Dovremmo chiederlo agli ebrei dei forni crematori, ai giapponesi di Hiroshima e Nagasaki e a tutte le vittime dell'industria bellica, dell'industria chimica, dell'industria della menzogna.

Se il mondo in cui oggi viviamo è migliore di quello del passato, dovremmo chiederlo all'acqua, all'aria, agli alberi e agli uccelli, alla notte, al silenzio, alla compassione, alla felicità e alla bellezza; chiederlo alla speranza e alla solidarietà. Lo chiederei al mio cuore, che però da tempo non risponde.

Se l'uomo di questo secolo nefasto non sarà dunque in grado di riconvertire la follia in ragione e la schiavitù in libertà, presto il vortice del relativismo lo risucchierà dentro un vuoto senza fine, consegnando l'anima dei nostri figli nelle mani di Satana.

L'UOMO ALLA MERCÈ DELLE MACCHINE

Sessant'anni fa predissero che oggi intere famiglie avrebbero vissuto benissimo con lo stipendio di un solo lavoratore, lavorando solo '10 ore la settimana... chiedendosi cosa avremmo potuto fare con tutto quel tempo libero a disposizione.

In quel periodo ci voleva una settimana di lavoro a tempo pieno per fare quello che oggi si fa in sole '10 ore. Abbiamo tecnologie moltiplicate 1000 volte tanto. Cosa ne è stato di quel sogno? Ci hanno ingannati e derubati del bene più prezioso: LA VITA.

"Così l'individuo moderno ha sostituito il lavoro manuale con le macchine – l'uomo ha disoccupato se stesso e non è più in grado di acquistare ciò che le macchine producono. Il problema può essere risolto solo alla condizione che le macchine acquistino i beni prodotti o, in ultima ipotesi, che gli uomini si trasformino in macchine".

L'occupazione è in calo, la disoccupazione in crescita! Non fa una piega! Le macchine, la tecnologia e la robotica hanno sostituito la manualità e l'uomo è a spasso! E' una realtà che conosciamo e denunciamo da almeno '50 anni, tanto più che anche un cretino analfabeta riesce a capire (a rigor di logica) che se il lavoro di un singolo viene delegato ad una macchina, il singolo perde l'occupazione. Tante macchine, tanti disoccupati!

Siamo ad un punto di non ritorno e l'umanità sembra non accorgersi di nulla. Le famiglie ridimensionano il loro tenore di vita, stringono la cinghia e i consumi si riducono drasticamente. L'industria rallenta la produzione e licenzia. Presto, la cassa di integrazione avrà esaurito ogni sua risorsa e milioni di operai ed impiegati saranno con il culo per terra. Il crollo verticale della domanda innescherà reazioni a catena su tutto l'intricato sistema sociale, e come per un effetto domino, risultato dell'interazione dei vari soggetti economici, il Sistema si spegnerà con tutte le sue devastanti conseguenze: black out intermittenti e sempre più frequenti – blocco dei trasporti e conseguente mancata distribuzione dei prodotti di prima necessità – pompe di carburante a secco – blocco delle pensioni – reti televisive oscurate, mezzi di informazione e telefonia in tilt.

Con lo scardinamento dell'impianto etico – primo atto costitutivo di questa società a delinquere – una gran parte della popolazione al grido di "libertà per tutti", si è messa al servizio del Sistema Potere, giurandogli totale fedeltà e abnegazione. Così oggi tutti sono al "soldo" di qualcun altro, in una sorta di catena di Sant'Antonio che dalla base si dirama fino ai vertici del potere!

L'occupazione derivante da un lavoro che si basa sulla produzione di beni voluttuari, effimeri e non indispensabili, è precaria per definizione. Esaurito l'effetto della carica propagandistica ingannevole, che codificava questi beni come utili e necessari (sinonimo di progresso e di benessere), i consumatori si asterranno dall'acquistarli anteponendo, per priorità, quelli essenziali e primari. E questo è ciò che succede oggi!

Questo meccanismo perverso che da quasi '50 anni è stato in grado di raggirare il buon senso dei cittadini, alterandone la consapevolezza, oggi si è bloccato, inceppato – è grippato! La gente comune, che è stata costretta dalla "crisi" ha ridimensionare drasticamente il suo tenore di vita riducendo tutto all'essenziale, ha finalmente, forzatamente compreso (anche se fuori tempo massimo), che tutta quella lunga lista di beni e prodotti che un tempo, acquistava sulla spinta di falsi bisogni indotti dal plagio mediatico, in realtà non sono di alcuna utilità.

È tempo di fare di necessità virtù - imbracciare la zappa e cominciare a faticare; un'occupazione sicura, salutare e onorevole.

A questo punto è doveroso domandarsi in che modo potrà ancora sopravvivere il Sistema Potere, se il bacino dal quale si è alimentato per decenni, si è ridotto ad un rivolo. La comunità non lavora, non produce e non acquista più, costretta a ridurre i consumi energetici e idrici. Si spengono i boiler, il riscaldamento, si evita di usare l'automobile, di pagare il bollo, l'assicurazione, il meccanico e le sanzioni amministrative - di andare dal dentista, dall'oculista, dal farmacista, mentre la vendita dei beni effimeri e voluttuari, sta precipitando ai minimi di sempre a fronte di quelli di prima necessità. Presto la disoccupazione raggiungerà livelli impressionanti e forse qualcuno comincerà a capire che solo la terra è il vero potere – il solo padrone al quale possiamo sottometterci serenamente, senza diventarne schiavi e servi ma ritrovare in Lei l'autentico significato di libertà.

Così, il Sistema, nell'impossibilità di potere disporre dei profitti, un tempo sottratti indebitamente alla comunità, comincia a sbarazzarsi di tutti quei servi, cortigiani, spie e papponi (i professionisti) che un tempo aveva assoldato e che foraggiava a fronte delle loro perverse competenze. Il Sistema Potere è sul punto a fagocitare se stesso, dentro una guerra al massacro, dove i vari soggetti che

lo rappresentano, si scanneranno fra loro fino ad au-
to/eliminarsi. Un albero senza radici in procinto di abbat-
tersi al suolo, dentro un boato sordo!

IL LIBERISMO - IL TRONO DEL MALIGNO

La prova del nove che sbaraglia il campo da ogni altra considerazione di merito e sancisce il Liberismo consumista come la peggiore tragedia nella storia del mondo si ricava dall'osservazione di tutti gli effetti collaterali e controindicazioni che lo stesso ha prodotto sull'ecosistema, sulla qualità della vita degli individui e sulla loro totale incapacità di immaginare una realtà diversa e contraria da quella che sono soliti vivere: questa è la sola opzione che ci consentirebbe di decifrare i fatti della nostra esistenza, di analizzarli nella loro oggettività, prenderne atto, e decidere per la giusta scelta.

Affermare dunque che l'uomo di questo secolo sia un essere evoluto, progredito e civilizzato è la più colossale impostura dall'alba dei tempi. Un imbroglio architettato ad arte dalla Bestia Sistema Satana, che dopo la sconfitta del progetto nazista, nel quale aveva investito una gran parte del suo potenziale distruttivo, oggi, con il Liberismo, mette in atto il suo più strategico e silenzioso progetto di schiavitù di massa, per sferrare l'attacco finale al pianeta Terra.

Banchieri e banche, Nuovo Ordine Mondiale, politica, finanza, industria, lobby, media e affini non vanno visti come i soggetti relativi ad una degenerazione dell'umana coscienza, ma sono la rappresentazione più eloquente ed evidente di quel disegno perverso, attraverso il quale il MALIGNO attua la sua vendetta contro il Grande Sognatore Celeste.

53

La nostra lotta virtuale da internauti nel ciberspazio, in virtù della quale immaginiamo di contrastare e combattere le mostruosità di questa società, è una battaglia già persa in partenza! Tempo improduttivo che, diversamente, dovremmo impiegare per liberarci da tutto ciò che in qualche modo abbia una qualsiasi correlazione, interazione e dipendenza con il Sistema Bestia. Rinunciare per ricominciare!

È proprio in virtù del mantenimento dell'impianto etico che le illuminate civiltà del passato hanno conservato la loro grandezza ed evitato che la Bestia si insinuasse a dimora nel cuore degli uomini e ne dettasse le condizioni: in virtù, cioè, di quei principi e valori fondamentali, innati e connaturati, che monitoravano e armonizzavano i comportamenti umani preservandoli da ogni degenerazione, fascinazione e dipendenza.

Dobbiamo pertanto prenderne atto!

La capacità del MALIGNO di avere sovvertito ogni regola, logica e ragionevolezza a suo esclusivo vantaggio ha dello straordinario - del sovrannaturale. È stato in grado di ridurre in schiavitù e piegare al suo volere la nostra anima e il nostro spirito, di omologare i nostri comportamenti e pensieri e nello stesso tempo ci ha fatto credere di essere liberi. Un eccellente esercizio di illusionismo applicato alla realtà dai risultati inimmaginabili e dagli effetti apocalittici prossimi.

Tutte le perverse 'scoperte' di cui oggi la scienza moderna si vanta e che sbandiera a conquiste di progresso e di civiltà non avrebbero mai avuto patria né visto la luce in un mondo passato in cui la spiritualità, la trascendenza, il rito magico, il valore, il coraggio, l'onore e l'accettazione della morte come atto supremo di giustizia e porta di transito verso la felicità eterna erano tutte condizioni fondamentali e inopinabili sulle quali si reggevano le ragioni imperiture dell'umanità tutta.

Le nostre società, diversamente, hanno cancellato ogni traccia dell'umano senso e così liberato la Bestia dalle sue catene che, da tempo immemore, la imprigionavano ai confini dell'universo antimaterico.

Non c'è dunque niente di cui andare fieri - nulla di nulla su cui accreditare gli ipotetici benefici di quest'epoca dissennata. Non ci sono parole a discolpa né attenuanti per tutti gli orrendi crimini consumatisi in questo secolo bastardo, in cui il male, un tempo riconoscibile e collocabile, ha assunto le sembianze della normalità, espropriando lo spirito dell'uomo, privandolo, così, della consapevolezza, del discernimento e dell'impulso passionale.

DAL BIOFILO AL NECROFILO

"Il cancro si combatte semplicemente evitando di creare le condizioni perché si sviluppi"

Oggi, che tutto è ribaltato e brancoliamo dentro il buio di un mondo al contrario fatto di contraddizioni, illusioni, debolezze e becere dipendenze, anche il famoso motto di Giovenale "mens sana in corpore sano" (Satire, X, 356), si scontra, in maniera stridente, con la realtà di una società di individui squilibrati e smarriti, tale da capovolgerne il senso e il significato ultimo. Pertanto la salute mentale non è più la risultante di un corpo sano, ma l'esatto contrario: "corpo sano in una mente sana".

Gli individui delle "moderne" società occidentali consumiste sono afflitti da una infinita serie di disturbi, malesseri e patologie di natura organica e psicologica che ne compromettono ogni più remoto barlume di benessere e di autentica felicità. Ed è sulla base di un tale parametro che si misura il grado di civiltà e di progresso di un popolo, venendo a mancare il quale tutto si riduce a mera illusione, isteria e dipendenza. Mal di testa, emicranie, bruciori di stomaco, dolori articolari, insonnia, eiaculazione precoce, sterilità, emorroidi, obesità, stanchezza cronica, stitichezza, calvizie, psoriasi, disfunzioni tiroidee, celiachia, allergie, spasmi muscolari e coliti non sono che il prodotto di uno stile di vita in totale contrasto e contraddizione con i reali bisogni dell'organismo umano che, per millenni, aveva tratto le sue risorse dai frutti di una natura incontaminata e prodiga, dispensatrice di sostanze dopanti, rigeneranti e curative.

Lo stress, una delle patologie più invalidanti dell'individuo moderno era, un tempo, completamente sconosciuto. Poi, con Sigmund Freud, Carl Gustav Jung e compagnia bella, che attraverso la psicoanalisi e l'introspezione forzata si propone di individuare le cause dei disturbi neurologici (e conseguenti somatizzazioni) dell'uomo tecnologico partorito dalla rivoluzione industriale, si apre la strada all'industria dello psicofarmaco, debilitando ulteriormente lo stato di salute dei soggetti in cura, acuendone il disagio e innescando un processo di decadimento e di dipendenza.

Tutto ciò che in realtà acquistiamo e consumiamo meccanicamente al mercato del Grande Malfattore non è che la contraffazione sistematica di qualcosa che assomiglia vagamente alla sua forma originaria, ma che, nella sostanza, è un concentrato di estrogeni, ormoni, fertilizzanti, antiparassitari, antibiotici, "migliorativi", pesticidi, aromi sintetici, coloranti, conservanti e tossine concentrate.

Così un pollo non è un vero pollo, ma una mina vagante pronta a fare saltare il nostro sistema nervoso e destabilizzare quello immunitario, perché incapaci di decifrare e codificare la reale natura dei nuovi intrusi e di reagire di conseguenza. Ma l'esempio del pollo è estendibile a qualsiasi prodotto, sia animale che vegetale. Tutti noi, in verità, siamo quel pollo: tristi e apatici, indolenti e flaccidi, frustrati e repressi, costretti dentro un limbo gelatinoso, brulicante di paranoie, ansie e ipocondrie. Una vita apparente scandita ad ogni ora del giorno da acciacchi e malesseri di ogni tipo e genere.

Pertanto tutta questa montagna di sterco del Diavolo, che con inaudita crudeltà il liberismo relativista (in sfregio

57

ad ogni principio etico e deontologico), spaccia per buone, e fatte con 'l'amore della nonna', finiscono per accanirsi sulla nostra esistenza e quotidianità, acuendo il nostro disagio fisico, morale e psicologico. È a questo punto che il Sistema Bestia estrae il suo ennesimo coniglio dal cilindro delle illusioni, indicandoci il nuovo miracoloso farmaco a cui ricorrere, peggiorando ulteriormente la nostra condizione patologica e inducendoci all'assuefazione.

È la salute, dunque, ciò a cui dobbiamo aspirare! Lei, il dono dei doni! Una condizione di totale appagamento fisico, spirituale e sensoriale che prescinde da ogni status, cultura e spazio temporale. Sì, la salute - dispensatrice di gioia e creatività, fonte di solidarietà e di pace, forza generatrice di un progresso compatibile con i bisogni della comunità, sinonimo di libertà e di tolleranza, di volontà e di speranza − intrinsecamente moderna nel suo significato più corretto, rivoluzionaria, liberatoria, ascetica e divinatoria. L'esatto contrario delle nostre "moderne" società, malate e in cancrena, oppresse e frustrate da quella persistente sofferenza esistenziale e corporale che ci preclude ogni barlume di vera felicità, alimentando l'odio, il rancore negli uomini e la loro sete di vendetta.

Oggi il dolore fisico e psichico è in vertiginoso aumento fra gli individui delle democrazie occidentali consumiste, prodotto da una alimentazione contaminata e geneticamente modificata, dall'inquinamento eco-ambientale e da quel persistente stato di angoscia, di panico e depressivo, risultato ultimo di quel piano di relativizzazione della verità e di omologazione messo in atto dal Sistema attraverso la propaganda medianica. Ergo, si renderà necessario e inalienabile il diritto all'EUTANASIA, per porre fine ad una sofferenza generalizzata non più sopportabile.

Questo è l'ultimo atto di un progetto satanico, in virtù

del quale il Sistema Bestia ha trasfigurato un passato bio-filo in un presente necrofilo.

A breve comprenderete nel merito il significato pro-fondo di questa mia ultima e inquietante considerazione.

LA CHIMICA NEL PIATTO

La chimica corrode e corrompe lo spirito: è una contraffazione del divino dalle controindicazioni ed effetti collaterali devastanti. L'intento della chimica è di spodestare la natura, di cancellare ogni oggettivo parametro di riferimento e di comparazione (scale di valori e principio etico) e di portare all'auto/distruzione e all'ateismo, annullando il libero arbitrio.

Se intendiamo sopravvivere al "Sistema Bestia", dobbiamo liberare l'agricoltura da ogni rapporto con l'industria e la politica dagli imprenditori. Nessuna sostanza chimica deve più contaminare i naturali prodotti della Terra. Fertilizzanti, diserbanti, pesticidi, coloranti, conservanti, dopanti, aromi e affini devono sparire per sempre dal nostro vocabolario alimentare. L'industria chimica, la peggiore fra le moderne calamità, deve chiudere i battenti, per sempre. Lo stesso ragionamento vale per la politica!

Ciò di cui ci alimentiamo è basilare per la nostra felicità! Nel buon cibo di un tempo erano presenti particolari sostanze dopanti ad alto contenuto nutrizionale, indispensabili per regolare i meccanismi di sopravvivenza, come l'alimentazione o la riproduzione, che agivano sull'umore e sul tono muscolare dispensando forza e vigore – e tutto si traduceva autostima e sicurezza. Il cibo prodotto con la forza delle braccia, coltivato con amore, sapienza, e nel rispetto delle regole di una tradizione millenaria, era benedetto da Dio e alimento di gioia e di speranza.

Oggi, l'alimentazione prodotta e commercializzata dall'industria della Grande Distribuzione Malfattore è il risultato di una lavorazione meccanica, necro-tecnologica, praticata nel più totale disprezzo di ogni regola precedente, a fronte di un facile e veloce guadagno (fast gain) – Prodotti OGM, pompati e stressati, alterati profondamente nei loro caratteri originari.

Quei pochi ed eroici agricoltori che ancora oggi e contro ogni logica e vantaggio si prodigano, con dispendio di mezzi ed energie, nel perseguire il cammino della qualità e della buona salute devono soccombere, schiacciati dallo sporco gioco al ribasso dei prezzi di mercato imposti dalle multinazionali del "Cibo Morto".

Dal canto loro, i consumatori, che potrebbero fare la differenza, in verità non sono in possesso di alcun termine di giudizio critico tale da potere codificare il prodotto biofilo distinguendolo dal necrofilo. Si rivolgono così alla Grande Distribuzione, acquistando quanto di peggio si trovi sugli scaffali del supermercato. Certo, la condizione economica non aiuta! Ma se si rinunciasse al superfluo, all'effimero e al voluttuario e se smettessimo di inseguire le chimere di una pubblicità canaglia, potremmo investire questi risparmi sulla qualità di una vita più sostenibile e, quindi, più sana e felice.

Se non ci liberiamo della chimica e dei suoi intrugli diabolici, per dare fondo alle nostre ultime risorse vitali e finalmente, in un moto di vero orgoglio, rovesciamo il tavolo sgombrandolo da tutte le effimere, illusorie, inutili e micidiali menzogne che il sistema ci spaccia al pari di miracolose droghe, avremo perso per sempre la nostra libertà

e come schiavi, invalidi e accattoni saremo costretti ad e-
lemosinare conforto fra le braccia del nostro carnefice.

QUANDO L'INFERNO ARRIVA DAL CIELO

Non ci servono psicologi e psichiatri per curare il nostro tormento esistenziale! Abbiamo solo bisogno di acqua e aria pura, di un habitat liberato da ogni intrusione chimica, di etica, di significato di bene comune e, più in generale, di una qualità di vita sostenibile rispettosa di Madre Natura, delle sue regole ineludibili, e in armonia con tutte le forme di vita.

Oggi tutta la catena alimentare è totalmente compromessa da un'infinita lista di sostanze chimiche cancerogene, prodotte in forma parossistica da altrettante fabbriche fumanti che, a fronte di interesse particolare, disperdono sul territorio e nelle acque il loro carico di morte con la facilità di chi ottempera ad un diritto - e in barba alla salute della gente comune e dell'ecosistema tutto.

E intanto, mentre sopra le nostre teste volano indisturbati velivoli che stanno seminando veleni, che cambiano il clima, che addormentano le menti, in Terra prosegue il progetto di chi, dopo aver (oramai) lobotomizzato la maggior parte della massa con armi subdole di propaganda, pian piano accentra poteri, regole, religioni al fine di controllare da un'unica sala dei bottoni quello che David Icke ha battezzato come sheeppeople (il popolo -gregge).

Per la maggior parte di questi schiavi dormienti, la sveglia non suonerà più, presi come sono ad aspettare che il messia di turno (che sia il papa, il giovane presidente del consiglio eletto dai poteri forti, uno pseudo-rivoluzionario con le antennine e la lingua acuta, un nuovo campione dello sport creato in laboratorio o un nuovo divo addomesticato con le tecniche di controllo mentale, poco importa) prenda le decisioni per loro; che li salvi dalla crisi che passivamente hanno spalleggiato, che alleggerisca i pesi dei balzelli che per tacito-assenso continuano ad accettare (e a pagare...).

A volte penso che, piuttosto che disperdere le nostre energie nel tentativo di svegliare questi zombie, sia meglio impiegarle per rafforzare noi stessi: è ormai giunto il tempo in cui sono necessari veri guerrieri, soprattutto preparati mentalmente a controbattere le mosse del potere.

Chi è remissivo, chi dorme, chi passivamente si piega alle scelte di altri, chi ignorantemente continua a credere al verbo della tv e dei giornali, chi, per ottusità continua a basare la propria conoscenza su regole e concetti che il sistema ha affidato alla formazione scolastica al fine di avere tanti piccoli sudditi omologati, si merita quello che "Il Grande Fratello" ha preparato nei secoli per lui: una società despotica e fascista, costituita di molte regole e leggi destinate a persone con il codice a barre stampato sulla fronte e con il microchip nel cervello, che annuiscono a comando. Questo non è pessimismo: è obiettività, è realtà.

Ricercatori, scienziati e singoli cittadini hanno effettuato le analisi chimiche del terreno, delle polveri e dell'acqua nelle zone sottostanti spazi aerei irrorati con le scie chimiche. Le analisi più accreditate a livello mondiale accertano la presenza e l'alta concentrazione di sostanze chimiche quali: sali di bario, ossido di alluminio, calcio, potassio, magnesio, torio, quarzo.

I primi a risentirne gli effetti sono gli anziani, i bambini, e le persone indebolite da malattie o in cattive condizioni fisiche. I sintomi più ricorrenti riportati dagli abitanti in zone largamente irrorate sono: tosse secca persistente, malessere respiratorio e intestinale, polmonite, affaticamento, letargia, capogiro, disorientamento, forte emicrania, dolori muscolari e alle giunture, epistassi, diarrea, feci sanguinolente, depressione, ansietà, incontinenza e tic nervosi.

Le conseguenze sulla salute umana possono raggiungere livelli drammatici: aumento vertiginoso di tumori e leucemie di vario tipo, incremento del numero e della gravità di affezioni all'apparato respiratorio specialmente sui bambini, infiammazioni ai muscoli e alle giunzioni muscolari, contaminazione da funghi e batteri sconosciuti, inquinamento ambientale balzato alle stelle. Tutte concause che negli ultimi anni hanno provocato la morte di milioni di persone in tutto il mondo. Altri elementi quali: torio radioattivo, carbone, fibre sintetiche, sangue essiccato, virus e batteri sintetizzati in laboratorio, tutti sotto forma di nanoparticelle possono essere ingeriti e assimilati dal nostro organismo, non predisposto a filtrare materiali di proporzioni infinitesimali.

Ma oltre a persone e animali, anche i sistemi biologici

naturali cominciano ad indebolirsi. Il rizobatterio endomicorrize (un microrganismo di notevole importanza alla base del trasferimento di nutrienti dal terreno alle piante attraverso l'apparato radicale) si sta lentamente estinguendo a causa del bario e dell'alluminio. Questi metalli sono alcalini e stanno alterando l'acidità (Ph) del suolo e dell'acqua: l'elevata acidità compromette la sopravvivenza delle piante. Secondo i botanici, senza questo microrganismo la crescita della flora è impossibile. Le scie chimiche stanno sistematicamente modificando il ciclo vegetale, mentre le prove dell'estinzione dei rizobatteri abbondano. Molti ricercatori indipendenti italiani (biologi, medici, agronomi, geologi e meteorologi), dopo le operazioni di aerosol, hanno analizzato centinaia di campioni di acqua piovana e i sedimenti depositati sui terreni colpiti. Lo stesso è stato fatto anche da cittadini comuni e moltissime persone hanno fatto eseguire analisi del sangue e mineralogrammi dei capelli, per accertare la presenza di metalli nell'organismo. Tutti questi tentativi per stabilire una correlazione evidente con la presenza delle scie chimiche nel cielo e il loro effetto sull'ambiente non sono serviti a nulla, perché le autorità competenti hanno negato la correlazione. La contestazione è che dovrebbero prendere campioni d'aria seguendo gli aeri che rilasciano le presunte scie chimiche.

Una riflessione sullo "stato di diritto" e sulle competenze delle "Istituzioni" ci dovrebbe far riflettere sulla funzione degli Enti pubblici che dovrebbero essere al servizio del cittadino ed agire in base alle denuncie che ricevono dalla gente.

Siamo a un punto di non ritorno, e sentire ancora parlare di "politiche industriali, innovazione e ricerca scientifica" come la panacea di tutti i mali e la soluzione della crisi mi procura un senso di nausea e di voltastomaco.

Entro pochi anni, le società ultra liberiste allo sfascio dovranno fare i conti con la fame e con la sete e con uno stato di salute fisica e psichica che per drammaticità non ha precedenti nella storia del mondo.

LA MONSANTO FIGLIA PREDILETTA DI SATANA

Da una parte c'è l'industria chimica in forte espansione - dall'altra la natura, in forte estinzione. Questa equazione fa rabbrividire! L'industria della chimica è la peggiore fra le moderne calamità e i suoi effetti sull'ambiente tutto e sulla salute dell'uomo sono a tal punto devastanti, da essersi resa necessaria una chiusura forzata di tutte le fabbriche e loro conseguente smantellamento.

La contaminazione del territorio, delle acque e dell'aria, ha raggiunto livelli apocalittici che sono causa delle più svariate forme di patologie tumorali e neurologiche, nonché di una lunga serie di altrettante malattie, disfunzioni organiche, allergie e disturbi di varia natura che la moderna scienza non è in grado di codificare, di comprendere, né tanto meno di curare. Tutto questo "moderno dolore" è di fatto il prodotto della ricerca e dell'innovazione scientifica, le cui controindicazioni, interazioni ed effetti collaterali superano di gran lunga i benefici promessi, propagandati e garantiti come miracolosi, innovativi ed esclusivi. Un imbroglio galattico, un'impostura infernale che ci perseguita da decenni, architettato e pianificato in nome della logica del profitto, ad ogni costo e con ogni mezzo, e che non tiene in nessun conto il diritto alla salute dei cittadini, ma si accanisce con sadico piacere sulle loro speranze.

La "Monsanto", figlia prediletta di Satana, si pone a paradigma supremo di quel concetto di distruzione e di degenerazione che lo stesso capital-liberismo condivide nel suo DNA come eccellenze genetiche. È la rappresentazione plastica di come il Maligno, da eccellente trasformista, pianifica il suo progetto di sterminio, mascherandosi subdolamente sotto le vesti di un cognome dall'etimologia spagnola (Monsanto = Monte Santo), che all'apparenza interpreta un certo che di sacro, di puro, di incontaminato da ogni intrusione di natura malefica.

Diversamente, questa fucina del male, commercia quanto di più ingannevole si possa tramare, produrre, acquistare e consumare. Una fabbrica di morte e di dolore per definizione che, in pochi decenni, ha infettato in forma virale tutta la catena alimentare, dalla semina al raccolto: in breve, tutto il ciclo della nostra esistenza.

Monsanto è dunque un'impresa criminale, più volte condannata per la sua perversa attività industriale in ragione di un composto tossico (PCB), miscela chimica ora proibita, ma che continua a contaminare il pianeta. Per '50 anni il PCB fu impiegato come liquido refrigerante dei trasformatori. La Monsanto, che fu poi condannata proprio per questo motivo, era al corrente del fatto che tale prodotto è altamente cancerogeno, ma nascose le informazioni corrompendo alcune persone e minacciandone altre di morte. Nascose quindi i dati riguardanti i propri prodotti, mentendo e falsificando i resoconti. Ma non è tutto: ogni volta che scienziati indipendenti tentano di fare il loro lavoro di ricerca sui transgenici, ricevono pressioni, minacce o perdono il posto di lavoro.

La stessa storia si ripetè con due erbicidi, sempre prodotti dalla Monsanto, che formavano il cocktail chiamato "agente orange" (agente arancio) utilizzato nella guerra del Vietnam. Alla Monsanto si era al corrente della sua tossicità, ma si decise di usarlo ugualmente. In seguito, si alterarono gli studi fatti per nascondere la relazione tra diossina e cancro. Questo è il modus operandi standard della Monsanto. Nonostante ci sia chi afferma il contrario, questo modo di ottenere profitti è ancora in uso. L'azienda non accettò mai il suo passato e le sue responsabilità. Negò sempre tutto. Questa è la sua linea di condotta. Oggi la stessa cosa accade con i cibi transgenici e il Roundup.

Tutti i semi transgenici esistenti sono controllati da sei imprese: Monsanto, Syngenta, DuPont, Dow, Bayer e Basf. Sono multinazionali del settore chimico che si impadroniscono delle compagnie di grani per controllare il mercato agricolo, vendendo semi che si legano ai pesticidi che esse producono (erbicidi, insetticidi, ecc.).

Oltre a Monsanto, tutte hanno una storia criminale che include, tra gli altri reati, gravi disastri ambientali e contro la vita umana. Tutte, una volta smascherate, hanno cercato di rifuggire le proprie colpe, tentando di deformare la realtà con menzogne e/o con la corruzione. Il fatto che tutti gli OGM siano omologati e che la contaminazione sia un delitto efferato premeditato implica che qualunque paese autorizzi gli OGM di fatto consegni la propria sovranità alle decisioni di alcune multinazionali che agiscono secondo la propria esigenza di lucrare. Inoltre, trattandosi di queste imprese, autorizzare la semina di OGM vuol dire consegnare i semi, i contadini e la sovranità alimentare a un pugno di criminali in grande scala.

L'obiettivo di Monsanto è di controllare la catena alimentare globale. I cibi transgenici sono il mezzo per raggiungere questo obiettivo. I brevetti sono la via per ottenerlo. La prima tappa della "rivoluzione verde" già si è conclusa - fu quella delle piante ad alto rendimento con l'utilizzo di pesticidi e relativo inquinamento ambientale. Ora siamo nella seconda fase di questa "rivoluzione", in cui la chiave sta nel far valere i brevetti sugli alimenti. Questo non ha niente a che vedere con l'idea di alimentare il mondo. L'unico fine è di aumentare gli introiti delle grandi corporation. Monsanto guadagna in tutto e su tutto. Ti vende il pacchetto tecnologico completo, i semi brevettati e l'erbicida obbligatorio per quel seme.

La Monsanto è l'avamposto strategico di Satana, in marcia lungo la strada tracciata dal Capital-liberismo che ha fatto terra bruciata di quell'impianto etico connaturato all'origine, in modo da facilitare la sua escalation e da sgombrare dal campo ogni ostacolo di natura morale che potesse rallentare la sua avanzata verso il dominio sul mondo.

La Monsanto e sorelle andrebbero immediatamente bombardate, ma nessuno al mondo si prenderà mai questa briga.
Al punto in cui siamo (di non ritorno) non ci resta che attendere il giorno della fine, comodamente seduti sul divano delle libertà irrise e perdute.

LA CONTAMINAZIONE DELLE ACQUE
UNO SCENARIO APOCALITTICO

Basterebbe solo il dato impressionante relativo alla contaminazione delle acque, per fare decadere ogni concetto di società, di civiltà, di progresso, di intelligenza, di giustizia, di libertà e di umanità.

Non ci servono psicologi e psichiatri per curare il nostro tormento esistenziale! Abbiamo solo bisogno di acqua e aria pura, di un habitat liberato da ogni intrusione chimica, di etica, di significato di bene comune e, più in generale, di una qualità di vita sostenibile rispettosa della Madre Natura, delle sue regole ineludibili e in armonia con tutte le forme di vita.

Oggi, se intendi sopravvivere, lavorando al chiuso di una delle migliaia di fabbriche fumanti disseminate sul tessuto connettivo del nostro Paese, devi mettere nel conto la possibilità, non più remota, di morire di cancro. E lo stesso vale se intendi continuare a bere, a mangiare e a respirare. Una prospettiva che potrebbe apparire fantascientifica e inimmaginabile, se non fosse quella cruda realtà dalla quale non ci possiamo più dissociare, sottrarre e fingere di non vedere.

Nella civile Italia, se sei un imprenditore, puoi disperdere i veleni tossici della tua fabbrichetta nel fossato attiguo alla stessa e, a maggior ragione, se il corso d'acqua passa proprio da quelle parti. La sera poi, potrai declamare ai tuoi figli il sommo inno alla natura, unica vera ragione della tua vita. "La fabbrica – dirai – l'ho fatta per voi, con sacrifici e privazioni".

I crimini contro l'ambiente e la salute dei cittadini vanno condannati con pene esemplari, pragmatiche e senza sconti, proporzionali ai danni provocati, fino alla carcerazione a vita.

Diversamente, per noi e per i nostri figli non ci sarà alcuna speranza di salvezza.

Entro pochi anni, le società ultra liberiste allo sfascio dovranno fare i conti con la fame e con la sete. La 'roba' non avrà più alcun valore!

Il commercio dell'acqua sarà l'affare degli affari, essendo l'acqua, il dono dei doni, il più nobile degli elementi e il più prezioso dei gioielli.

Nel frattempo i ghiacciai marciscono e si squagliano. Le acque dei fiumi raggiungono il mare con il loro micidiale carico di bombe chimiche, e un numero infinito di fabbriche fumanti si fottono miliardi di metri cubi di acqua, rendendola inutilizzabile e putrida, contaminando le falde più profonde. E terribili guerre, causa la corsa all'approv-vigionamento delle ultime riserve idriche, feriranno a morte il pianeta.

Nel prossimo decennio succederà sempre più spesso di dover decidere chi avrà diritto all'acqua: le città, i campi o i fiumi. Contemporaneamente, il progressivo aumento della siccità incrementerà il prelievo delle acque per usi agricoli, innescando un pericoloso circolo vizioso.

A meno acqua, poi, corrisponde una concentrazione più alta degli inquinanti a tal punto da renderla inutilizzabile per qualsiasi scopo. Auguri!

FERTILIZZANTI AL PLASTICO

" È come se fosse esplosa una bomba atomica in giardino". Una sessantina di case sono state rase al suolo in seguito allo scoppio, violentissimo, di una fabbrica di fertilizzanti, la West Fertilizer, a trenta km da Waco, in Texas. Grave pericolo nube tossica.

I vantaggi di vivere in un Paese democratico occidentale in cui la moderna scienza e la ricerca hanno raggiunto il massimo picco della degenerazione sono tanti, a portata di tutti e senza limitazioni di sorta. Il loro limite si riduce al semplice pagamento. Se paghi, hai; diversamente, aspetti tempi migliori!

Ma la gente pur di approfittare dei saldi di tanta libertà, sarebbe pronta a truffare, rubare e in alcuni casi a uccidere. La democrazia non si occupa della provenienza del tuo denaro e non ne fa una questione di etica o di morale. Per la democrazia i soldi hanno tutti lo stesso odore: sia che puzzino di merda o di vergogna, sia che odorino di sudore o di sangue. Pertanto il confine che un tempo separava la licenza dalla libertà è stato per sempre rimosso - per una questione di semplificazione che, diversamente, avrebbe resa difficile la commercializzazione dei prodotti dannosi e dei beni effimeri e superflui sui quali il Sistema Bestia accampa la sua sopravvivenza e il suo potere.

Se le piantine del tuo orto o il mais del tuo campo non soddisfano le tue aspettative, puoi sempre ricorrere a quei

74

miracolosi fertilizzanti chimici che puoi trovare in qualsiasi negozio di prodotti per l'agricoltura, consorzio o supermercato e, in breve tempo, i tuoi pomodori saranno grossi come meloni e le tue pannocchie come provole della Sila. Ma non finisce mica qui! La democrazia liberista è eclettica e non si ferma all'ovvio!! Ci meraviglia sempre di più, ci stupisce e dà fondo alla nostra fantasia, fino a sondare le sfere dell'inconcepibile.

Se la società in cui vivi (per esempio) non corrisponde ai tuoi più convinti ideali, a tal segno che tutto ciò che hai intorno assume le sembianze di una cospirazione di massa contro la tua persona e i tuoi valori, ti puoi sempre ricordare di qualche quintale di fertilizzante non ancora utilizzato ('Yara opti-pk 0-5 17') depositato in un angolo della tua fattoria, per assemblare in men che non si dica e con l'aiuto della Rete una gran bella bomba. Potresti farla esplodere nei pressi della tua fattoria, per puro e sano divertimento, e vedere l'effetto che fa - ma se la piazzi nel centro di una città, sarà un vero successo e, stanne certo, se ne parlerà per lungo tempo. Tu avrai la tua sacrosanta e meritata visibilità e la democrazia sarà fiera di uno dei suoi migliori e più coraggiosi sostenitori. Milioni di nuovi fans prenderanno d'assalto il tuo sito e giornali, blog, social network e TV si contenderanno la tua formidabile e giovane carriera. Forse si girerà anche un film!!

Certo, tutto questo è direttamente proporzionale al numero delle vittime che la tua personale bomba sarà in grado di fare, ma tu, non essendo uno stupido, sai il fatto tuo!

La sola perplessità che mi concedo, e che, in forma di domanda tormenta la mia mente, è riguarda il nesso fra un fertilizzante che accelera (per un effetto cancerogeno) il processo vitale, e la sua potenzialità di arma distruttiva.

Questa sua doppia natura mi inquieta non poco, a tal punto che sono propenso e, direi, deciso, a limitare la mia alimentazione a quel poco che il mio orto è in grado di produrre, arricchendo il terreno con quella "schifosissima cacca biologica" delle mie galline.

La democrazia non approverà questa mia scelta radicale ma, 'tenendo famiglia', non vorrei che i miei figli, prima o poi, esplodessero. Magari nel bel mezzo della notte!

LE REGIONI DEL NORD AL COLLASSO

Ogni anno nel Po vengono sversate '5 tonnellate e mezzo di farmaci e droghe contaminanti. L'allarme è stato lanciato dai ricercatori dell'istituto Mario Negri di Milano. "Al momento non c'è alcun rischio per la qualità e la sicurezza delle acque potabili, ma è importante intervenire per arginare il problema."

L'evoluta Padania è uno fra i territori più inquinati e caotici del pianeta. Il consumo di farmaci, psicofarmaci, antidepressivi, di cocaina e droghe di sintesi, sono a livelli impensabili e allarmanti. Lo dice il "Rapporto Osservasalute 2010" dell'Università Cattolica del Sacro Cuore di Roma. Un dato che misura nel merito il grado di felicità (oramai sotto lo zero) di questo popolo e del suo livello di frustrazione e repressione. Una condizione patologica grave, dal potere destabilizzante che, per reazione relativa ad un singolare spirito di autoconservazione dai connotati psichiatrici, finisce per innescare pulsioni secessioniste, odio razziale, manie di persecuzione. L'assenza poi di una cultura fortificante, solidale e socializzante tradisce ogni forma di consapevolezza, annullando così ogni gratificante e rigenerante impulso di autostima. Pertanto parlare di evoluzione del popolo padano è a dir poco sconcertante.

Vorrei inoltre ricordare ai signori della Padania che, in soli cinquant'anni, sono stati in grado di trasformare il proprio territorio in un deserto. Pesticidi, diserbanti, antiparassitari e intrugli chimici di ogni genere hanno per

77

sempre reso sterile la terra un tempo più fertile e produttiva del nostro Paese. L'uso e l'abuso, poi, di tonnellate di fertilizzanti, di concimi chimici, e alimenti dopati per uso animale, fanno dei prodotti di questa terra quanto di più inquietante potremmo trovare sulle nostre tavole. Nell'acqua usata per irrigare campi e prati sono disperse percentuali inimmaginabili di diossina, metalli pesanti, arsenico, pcb, clorurati, e un'infinita varietà di veleni industriali che una moltitudine di fabbriche fumanti riversano nei fiumi, trasformandoli in cloache a cielo aperto. La loro flatulenza e i miasmi si mescolano con l'aria circostante già pregna di CO_2 e fumi tossici di ogni natura. L'Adriatico, a partire dal golfo di Trieste fino a Bari, è uno fra i mari più inquinati del pianeta. Come potrebbe non essere diversamente, quando la più grande industria chimica d'Europa, vanto dei padani, ha sede nel caotico Nord? In questa enorme vasca da bagno si riversano alcuni dei fiumi più tossici d'Europa e del globo terraqueo. Il Po, fiore all'occhiello della Lega e meta di riti pagano-comici, accoglie nel suo percorso verso l'Adriatico affluenti come il Lambro, l'Olona, il Ticino, l'Adda, l'Oglio, il Mincio, l'Adda, il Sesia, l'Arno (una vera fogna) ecc.., e infiniti rigagnoli e torrentelli che con il loro carico di bombe chimiche (pcb, diserbanti, pesticidi, fertilizzanti & C.) vanno ad aggiungersi alle flatulenze e miasmi del "Grande fiume" padano. Tutta questa merda chimica (e mortale) finisce come lo scarico di un grande cesso "nell'Adriatico selvaggio che erboso "era" come i verdi pascoli dei monti".

Se poi a tutto questo aggiungiamo gli infiniti scarichi delle stazioni balneari e le tonnellate di abbronzanti, creme rassodanti, snellenti, tonificanti e rivitalizzanti (trionfo della chimica) che milioni di bagnanti senza speranza cospargono sui loro corpi deformati da anni di sedentarietà invalidante al chiuso di asfittici e mortificanti uffici e di malsane fabbriche fumanti, allora, ogni speranza di trascorrere una vacanza salutare e rigenerante, viene miseramente disattesa.

Non possiamo non considerare, nonostante la loro natura biologica, le migliaia di ettolitri di urina, sputacchi e scorregge che pur mimetizzandosi fra le torbide acque concorrono ad elevare la percentuale di inquinamento del "Grande Stagno". Ciò nonostante e per un perverso meccanismo introdotto dal "profitto ad ogni costo", che sulla mistificazione della realtà ha mercificato ogni cosa e valore, il litorale adriatico è costellato da "bandiere blu" a certificare il massimo livello di qualità di queste mete turistiche e di uno svago senza precedenti.

L'Italia del Nord ha inoltre il primato e il vanto di ospitare la più grande industria chimica d'Europa. Tradizioni e folclore di un tempo si sono ridotti ad una fotocopia sbiadita, ad una festa volgare e patetica, dove il vociare scomposto riflette una realtà miserevole e in decomposizione.

Una gran parte dei prodotti di questo territorio è OGM.

Parlare di evoluzione del popolo padano è a dir poco sconcertante. Da una sommaria osservazione dei volti e dell'aspetto in generale di alcuni fra i suoi più eminenti rappresentanti (Maroni, Bossi, Speroni, Borghezio, Calderoli, Trota e amici) viene più facile pensare ad una mutazione genetica degenerativa. Poveri Celti!! Vorrei anche sfatare il luogo comune che li vuole lavoratori instancabili e indefessi, ricordando loro che la fatica dell'uomo veramente evoluto è l'espressione della sua volontà e della sua conoscenza che, in virtù di tradizioni millenarie e nel rispetto della natura e delle sue leggi, si esercita e si esprime con la sola forza delle braccia e con l'umiltà della bellezza. Quella delle società industrializzate, in verità, non è che una moderna forma di schiavitù – un lavoro a perdere;

l'applicazione sterile, privata di ogni contenuto rigeneratore e gratificante; l'illusione di esseri liberi, in una società che opprime. Tutto questo è il risultato di un'ignoranza coltivata nel tempo e di un arrogante infantilismo che, nel razzismo e nell'omofobia, fa esplodere tutta la sua violenza giustizialista, espressione di assenza di consapevolezza e di cultura. Presto, quando la disoccupazione nel settore dell'industria raggiungerà livelli tali da spazzare via ogni dubbio sulla gravità della situazione attuale, dovremo essere in grado di riconvertire il lavoro in fatica, la subdola tecnologia in manualità specializzata e l'arido apprendimento nell'ancestrale conoscenza. Sono questi i soli strumenti idonei e indispensabili per sopravvivere ad una tragedia annunciata da tempo dalle persone ragionevoli. La pianura Padana, presto, presenterà il conto ai suoi abitanti che, ahimé, non sapranno onorare.

Voi sapevate che nella pianura Padana, senza l'uso di fertilizzanti chimici, non crescerebbe neppure un filo d'erba? Sapevate che tutto ciò che viene prodotto in questo territorio è rigorosamente cancerogeno e per la gran parte OGM? Sapevate che i fiumi che vi scorrono sono fra i più inquinati del mondo e tutti insieme sfociano nel mare Adriatico trasformandolo in una cloaca a cielo aperto? Come potrebbe essere altrimenti, dato che la più grande industria chimica d'Europa, vanto dei padani, ha sede nel caotico Nord?

Gli estrogeni, derivanti da fonti animali, sono '50 volte superiori alla media - un dato, più che allarmante! Una vera calamità!

QUEI CRIMINALI DELLE MULTINAZIONALI FARMACEUTICHE

Quella che oggi, in forma strumentale, viene definita la 'medicina moderna' destabilizza qualsiasi processo naturale di guarigione, interrompendo il corso della malattia e accanendosi in maniera ossessiva sui sintomi, eludendone le cause. Nel frattempo, medici corrotti dai direttori scientifici delle case farmaceutiche prescrivono ai pazienti farmaci inutili e dannosi, per poi passare all'incasso.

La malattia e la morte sono le grandi paure dell'uomo moderno, sulle quali le Big Company farmaceutiche speculano a fronte di profitti stellari senza mai produrre una soluzione alla guarigione. Non hanno scoperto alcun rimedio serio per combattere L'AIDS, nessuno contro il Cancro e le patologie neurovegetative - nulla contro la Sla e le più diverse patologie del sistema nervoso e immunitario, ma hanno trovato il modo di accumulare fortune stratosferiche rastrellando denaro fresco alla cittadinanza, speculando e facendo leva sulla buonafede, le speranze e la stupidità della gente, in nome di una fantomatica ricerca e campagna di prevenzione.

Il Sistema vuole che tu prenda medicine anche per semplici influenze (figuriamoci per casi di psoriasi, pressione arteriosa, colesterolo, diabete, osteoporosi, tumori..., la lista è davvero lunga) e quindi indebolire il tuo sistema immunitario e costringerti ad assumere farmaci per il resto della vita e amplificando i profitti delle case farmaceutiche.

Guarire il paziente malato non è lo scopo delle multinazionali farmaceutiche e anche il suo decesso contrasterebbe con la politica sanguinaria di questi diavoli in camice bianco. L'intento è quello di tenere il malato in vita il più lungo tempo possibile, in una condizione di stand by (vita apparente) ma senza che si riprenda o che muoia, bensì rendendolo dipendente dai farmaci come un tossico dalla droga.

Così i 'creativi' al soldo delle multinazionali farmaceutiche si inventano malattie inesistenti. I ricercatori si inventano una ricerca inesistente. I chimici preparano un farmaco inutile ma tassativamente cancerogeno. Illustri scienziati, in seguito, confermano la validità del farmaco e i suoi effetti miracolosi al fine della guarigione. Parallelamente la propaganda mediatica mette in onda uno spot mirato e rassicurante, dove idioti travestiti da dottori e da avvenenti infermiere in decolté, ne decantano le lodi. La gente si convince e acquista il farmaco, e con il tempo si becca un tumore. A questo punto gli scienziati si inventano un nuovo farmaco (rigorosamente cancerogeno) contro il tumore, divulgato da una invasiva operazione di marketing. La gente acquista il nuovo farmaco e, in seguito, dopo una lunga agonia, schiatta!

"La ricerca – dichiarano – non ha prodotto per il momento risultati soddisfacenti, ma siamo molto vicini ad una scoperta importante e rivoluzionaria - abbiamo solo bisogno di altro denaro".

La gente partecipa in massa a questa truffa mediatica, certa di avere assolto al proprio dovere di cittadino responsabile e di cristiano. L'associazione incassa e ringrazia.

I medici di turno incassano la loro miserabile tangente in attesa di un nuovo, inutile, nocivo farmaco da sponsorizzare.

Il terrorismo mediatico di improbabili malattie e patologie al fine di incrementare la vendita di farmaci e sottoporsi a indagine preventiva (es. i patataci causano la lesmaniosi), è alla base di questo piano di estorsione e raggiro architettato dalle farmaceutiche.

Purtroppo un buon 90% della moderna medicina non opera per il bene dell'uomo ammalato ma per il bene dell'homo economicus. Quella che oggi, in forma strumentale, viene definita 'la medicina moderna' destabilizza questo processo naturale di guarigione, interrompendo il corso della malattia e accanendosi in maniera ossessiva sui sintomi, eludendone le cause.

Nello spot del "Voltaren" (farmaco propagandato dalle reti televisive, in grado di curare – si sostiene - i dolori articolari e il torcicollo) si dichiara testualmente: " Sono farmaci che possono avere effetti indesiderati, anche gravi:". Come…per un semplice torcicollo?

Negli effetti gravi collaterali dell'Aulin, si parla di emorragie gastriche che possono portare alla morte. In molti psicofarmaci è bene evidenziato il fatto che possano, in alcuni casi, portare al suicidio. E questo vale per un buon 99% di questi inquietanti rimedi.

Del resto non sapremo mai quante emorragie gastriche o suicidi siano da mettere in correlazione con l'uso di questi farmaci, ma è facile immaginare la loro potenziale pericolosità.

La "nimesulide" (principio attivo dell'Aulin) sale sul banco degli imputati dopo essere stato ritirato dal mercato in molti Paesi europei per segnalazioni di gravi danni al fegato. Dal convegno dei medici internisti italiani arriva l'allarme. Per molto tempo la "nimesulide" ha goduto della

fama di un farmaco del tutto innocuo, ma ogni anno si os-
serva un numero inquietante di pazienti che subiscono
danni epatici e dell'apparato gastroenterico causati proprio
da questa molecola.

CURA ANTIBIOTICA - LA TERAPIA DI ERODE

Quanti di voi si sono interrogati sui danni postumi che un trattamento irrispettoso della fisiologia dell'organismo può provocare? E quanto conta la spinta indotta dall'errore di riferimento (di partenza) al collegamento ipertestuale non valido?

La somma dei dati scientifici che precisa la pericolosità del trattamento antibiotico (inutile e dannoso) è veramente notevole ma la gente comune non viene informata, mentre continuano ad essere pubblicizzati nuovi antibiotici e nuovi trattamenti consigliati a seguito della diffusione di notizie su improbabili malattie e possibili pandemie e facendo leva sulle paure dei potenziali fruitori. Le comunicazioni sui rischi documentati di questo tipo di molecole sono impressionanti, ma vengono spesso relegate al ruolo di curiosità in qualche angolo di riviste specializzate. L'abuso di antibiotici sviluppa la resistenza dei ceppi, fino a vanificare e azzerare ogni loro ipotetica funzione.

L'antibiotico-resistenza è statisticamente correlata alla frequenza di prescrizione di questi antibiotici e viene misurata su 1000 pazienti l'anno. Più i medici prescrivono antibiotici, più i loro pazienti sviluppano un'antibiotico-resistenza. Gli antibiotici vengono prescritti sulla base dei vantaggi economici della casa farmaceutica che mazzetta i medici piazzisti, spingendoli alla prescrizione dei farmaci prodotti dalla stessa. Nel "Mercato Libero" questa pratica criminale è in voga da decenni. In un passato non troppo lontano, prima che il Sistema esprimesse al meglio tutta la sua indole perversa e maligna, la "Medicina Naturale dei Fagi (batteriofagi)", combatteva egregiamente, senza controindicazioni ed effetti collaterali, le infezioni di natura batterica. Per quale motivo, allora, questa straordinaria Cura dei Fagi, è stata tanto in fretta accantonata e sostituita dagli antibiotici? I motivi sono sempre gli stessi: i profitti. I Batteriofagi non sono un'invenzione dell'uomo, ma un elemento organico esistente in natura e pertanto nessuno al mondo potrebbe mai avanzare l'esclusiva di un brevetto. Questa considerazione vale per tutto ciò che riguarda e concerne la "medicina moderna" che, per finalità di interesse particolare, ha ripudiato ogni rimedio naturale per abbracciare la chimica di Satana. Oggi l'industria della chimica si pone a paradigma assoluto di distruzione morale, ambientale ed etica, e incarna la quint'essenza del Male. Possiamo così concludere che tutto ciò che è di natura divina (sinonimo di pace, speranza vivificante e felicità) non è brevettabile. Il maligno (sinonimo di distruzione, dolore e morte) può al contrario accampare i diritti sull'esclusiva dei suoi brevetti necrotici.

Le stesse "moderne" terapie relative alla cura del cancro (chemio, cobalto, radio), dopo cinquant'anni di ricerca (finanziata dalla nostra stupidità e credulità), non sono state in grado di onorare le speranze di tutta quella gente affetta da una tale subdola patologia. Diversamente e paradossalmente hanno peggiorato la loro condizione di sofferenza, ridotto l'aspettativa di vita e, sull'onda delle vane promesse di guarigione, impoverito le loro tasche. Solo attingendo alle infinite risorse della natura troviamo rimedi ai nostri mali.

Ritornando agli antibiotici e meditando sulla loro a-
zione all'interno del nostro organismo, ho collegato
quest'ultima, per similitudine, alla "strage degli innocenti", cioè all'occasione in cui Erode Antipa, Re di Galilea,
ordinò il massacro di tutti i bambini nati in quei giorni a
Betlemme per uccidere il solo Gesù.

Gli antibiotici si comportano allo stesso modo di Re
Erode. Pertanto mi piace definire la cura antibiotica "La
Terapia di Erode".

Il batteriofago, in netta antitesi con l'antibiotico, aderi-
sce, tramite la sua coda, alla cellula batterica, la penetra e
vi si moltiplica provocandone la distruzione. Ogni batteriofago è specializzato nel parassitare una determinata
specie batterica o alcune specie affini. Come agente tera-
peutico fu soppiantato dagli antibiotici, almeno nell'Occidente. Nell'Unione Sovietica, i batteriofagi sono stati usati anche in tempi recenti per curare con successo ogni tipo
di infezione. In Occidente la necessità, da parte delle industrie farmaceutiche, di aumentare i profitti, ha portato
al divieto di utilizzo della terapia con i fagi.

Domandiamoci quante volte è stato somministrato
ai bambini che presentano deficit di biotinidasi, e
quindi con sicure problematiche biochimiche, un antibiotico chiamato Amoxicillina. Nel Marzo del 2004
l'American Academy of Pediatrics and American A-
cademy of Family Physicians, nel suo Sito, consiglia
l'Amoxillicina affermando: "Se proprio si deve ricorrere agli antibiotici – dicono i pediatri USA – l'ideale è
l'amoxicillina, efficace, sicura, di basso costo e di
sapore gradevole per i bambini". Ma si è scoperto
che non la pensano così gli allevatori di conigli, che
sconsigliano assolutamente l'uso di Amoxillicina in
quanto essa distrugge la flora benefica dell'intestino

degli animali ed ha gravi effetti collaterali, a volte irreversibili, sul sistema nervoso centrale. L'Amoxicillina è un antibiotico (spesso somministrato ai bambini) che può arrecare più danni che benefici ai nostri figli. Purtroppo le conseguenze funeste della somministrazione di questo farmaco sono messe a tacere (le modalità le conosciamo) dalle industrie farmaceutiche che, alla vita dei piccoli pazienti, hanno anteposto il profitto e il potere.

Un altro motivo è la reazione 'a scoppio ritardato' che questo antibiotico provoca nell'organismo. Possono passare infatti anche dieci giorni da quando si conclude il trattamento col farmaco, prima che si passi al secondo stadio del processo negativo che avviene nell'intestino. La flora autoctona dell'intestino viene distrutta, consentendo la crescita dei batteri patogeni. Se questi batteri prolifereranno sufficientemente, produrranno tali e tante tossine, da mettere a rischio la stessa vita dell'ignaro paziente. La capacità dell'organismo di contrastare gli effetti dell'Amoxicillina dipende dalla quantità e dalla forza dei batteri patogeni e dalla capacità di ogni singolo di far fronte alle tossine prodotte dai batteri. Quindi il consiglio è di evitare sempre e in ogni caso la cura antibiotica e cercare col proprio medico (che non sia ancora asservito a qualche farmaceutica) un'alternativa valida.

UNA RADICALE RICONVERSIONE AL BIOLOGICO

"Per definirsi civili le nostre società devono smettere di consumare, così come un fumatore a cui è stato diagnosticato un cancro, di fumare, e a un etilico, di bere". GJT

Il primo passo sta nel riconvertire l'industria agro alimentare nella semplice locuzione, "agricoltura biologica". In realtà, "industria agro alimentare" non significa nulla – una vera bestialità; quel trucchetto subdolo oggi molto di moda che, in veste di ossimoro, intende sdoganare il concetto di Male affiancandolo al suo opposto.

Ecco alcuni esempi illuminanti di moderni ossimori: "Certezza scientifica, progresso tecnologico, acqua privata, vita artificiale, nucleare pulito, finanza etica".

Nel nostro caso, "industria" rappresenta la morte e "agro alimentare" la vita. Parlo di due dimensioni distinte, opposte e contrapposte che, per logica e natura, si respingono e si combattono. Ogni sforzo finalizzato a fonderle fra loro (in virtù di perverse logiche volte all'interesse particolare e al potere) produce, come risultato ultimo, l'azzeramento di ogni punto di riferimento e oggettivo parametro di giudizio e di comparazione, in mancanza dei quali ogni confine etico e morale viene superato, azzerando in noi la capacità di separare il giusto dall'iniquo, la verità dall'impostura, la libertà dalla licenza e la luce dalle tenebre.

89

Questo discorso, per brutale logica conseguenza, vale anche per l'alimentazione, dove il consumatore ha perso quella connaturata competenza (dettata da uno spirito di sopravvivenza congenito) che un tempo gli permetteva di discernere il buono dal nocivo e l'originale dalla contraffazione.

La perdita della libido e della fertilità sono la logica conseguenza di una qualità della vita in caduta libera. La moderna alimentazione, contraffatta e adulterata, è priva di ogni naturale fattore nutritivo, rigenerante e psicotropo, in sostituzione dei quali sono stati aggiunti elementi dopanti, coloranti, conservanti, aromi, sintetici e cancerogeni (chimica). Tutti questi intrugli diabolici, misti a stress, problemi psichici, neurologici e inquinamento, si accaniscono sulle naturali e necessarie funzioni fisiologiche, fino ad azzerarle. L'assenza di consapevolezza e dei necessari parametri di discernimento spinge gli individui a disertare ogni oggettiva capacità di scelta personale, delegando così al Sistema ogni responsabilità etica e morale e precludendo, in seguito, la possibilità di qualsiasi oggettivo vantaggio pratico, pragmatico e culturale.

La stragrande maggioranza delle persone delle società moderne, nell'arduo esercizio di acquistare una bottiglia di vino fra le mille esposte in bella vista sugli scaffali dei supermercati, non è in possesso di alcun reale parametro di riferimento al fine di addivenire ad una scelta oggettiva. Possiamo inoltre tranquillamente affermare che un buon il 70% di questi vini è il risultato di una contraffazione sistematica, divenuta pratica quotidiana e che negli ultimi due decenni si è attestata a carattere dominante di un'illegalità assurta a diritto e quindi non punibile. È in base al prezzo e alle suggestioni indotte dall'etichetta che ognuno, poi, deciderà quale vino acquistare. E non per altro! Oggi, un tale atteggiamento, di chiaro stampo relativista, lo possiamo applicare a qualsiasi cosa, che siano beni materiali, stati emotivi e comportamentali o sentimenti.

Cosi, con la stessa alchimia, la gente si fidanza, convive e si sposa – e poi si lascia, si separa e divorzia. In verità, nessuno conosce veramente le motivazioni che hanno concorso all'unione, né tantomeno i motivi del distacco.

Questo ci fa capire che l'uomo moderno, generato del liberismo consumista, è totalmente privo degli inossidabili punti di riferimento del passato; di quei valori e principi etici indispensabili per comprendere e definire la qualità di un vino e la profondità di un sentimento.

Siamo infine paralizzati dai problemi più stupidi perché non ne conosciamo le stupide soluzioni: siano essi problemi pratici o psicologici. Questo ci costringe ad essere dipendenti da terzi, rinunciando a quell'autonomia che è presupposto di libertà e felicità.

La capacità di sapere risolvere tali incombenze, genera autostima e ci libera dal dubbio e dalla paura per produrre certezze e, quindi, consapevolezza e felicità.

Il sempre più ricorrente e gettonato leit motive del "tutto è relativo" non è che il riassunto delle infinite attenuanti che adduciamo alla nostra incapacità di agire in modo pragmatico e ad un'inettitudine fisica e morale dentro la quale, in maniera infantile, ci rifugiamo.

La consapevolezza dei nostri reali bisogni e la competenza di trovare le giuste soluzioni ai nostri problemi, è quel meccanismo che ci rende uomini (a tutti gli effetti) in grado di mantenere gli impegni presi, sia con gli altri che con noi stessi.

Relativizzare la verità è una pratica che porta all'autodistruzione e ci confina in un limbo gelatinoso di paranoia, frustrazione e solitudine.

Pertanto, prima di pensare, dobbiamo agire, essendo la pratica il solo strumento idoneo per affinare il pensiero positivo. Tutto il resto si traduce in inconcludente introspezione, disagio psichico, rancore e infelicità. Oggi, una tale infelicità si ripercuote sulla nostra vita quotidiana e sulla società tutta, alterandone i rapporti e condizionando affetti, sentimenti ed emozioni.

Tutto questo è relativo ad un disagio cronico e frustrante che annulla in noi ogni sentimento di solidarietà umana e di speranza futura, portando a forme di invidia, di rancore, contrasto e odio.

L'alimentazione prodotta e commercializzata dall'industria della Grande Distribuzione è il risultato di una lavorazione meccanica e necro-tecnologica praticata nel più totale disprezzo di ogni regola passata, a fronte di un facile e più veloce guadagno (fast gain) – prodotti OGM, pompati e stressati, alterati profondamente nei loro caratteri originari.

Quei pochi ed eroici agricoltori che, ancora oggi e contro ogni logica e vantaggio, si prodigano con dispendio di mezzi ed energie nel perseguire il cammino della qualità e della buona salute devono soccombere, schiacciati dallo sporco gioco al ribasso dei prezzi di mercato imposti dalle multinazionali del "Cibo Morto".

Dal canto loro, i consumatori, che potrebbero fare la differenza, in verità non sono in possesso di alcun termine di giudizio critico, tale da potere codificare il prodotto biofilo dal necrofilo. Così si rivolgono alla Grande Distribuzione, acquistando quanto di peggio si trovi sugli scaffali del supermercato.

Certo, la condizione economica non aiuta, ma se si rinunciasse al superfluo, all'effimero, al voluttuario, e se la smettessimo di inseguire le chimere di una pubblicità canaglia, potremmo investire questi risparmi sulla qualità di una vita più sostenibile e, quindi, più sana e felice - un'infelicità che si ripercuote sulla nostra vita quotidiana e sulla società tutta, alterandone i rapporti e condizionando affetti, sentimenti ed emozioni.

L'industria chimica, la peggiore fra le moderne calamità, deve chiudere i battenti. In questo modo, ogni forma di speculazione sarebbe vanificata, e smantellate le concentrazioni di potere che, da troppo tempo, condizionano le regole del mercato a scapito di produttori e consumatori. Questa, che è la parte marcia della filiera alimentare, deve essere asportata come un cancro maligno, per essere integrata dal lavoro pulito di migliaia di persone che, dall'industria della chimica, traghettano nell'agricoltura tradizionale. Il prezzo di ogni prodotto sarebbe così deciso all'origine dal produttore che, finalmente, comincerebbe ad assaporare i frutti della sua fatica.

Questa operazione di bonifica (o meglio di "derattizzazione") innescherebbe fiducia e voglia di fare meglio, con beneficio dei consumatori. Tutti quegli intermediari parassiti, un tempo in affari con l'Industria agro- alimentare, svanirebbero magicamente e, costretti a rimboccarsi le maniche, comprenderebbero il sacrificio per un onesto e dignitoso guadagno.

Così noi mangiamo ciò che pensiamo. Ci alimentiamo con le cose che abbiamo deciso di mangiare. Tutto questo dipende dalla conoscenza che abbiamo delle cose e, in modo particolare, di noi stessi. Per cambiare tipo di alimentazione non serve cambiare il tipo di alimenti ma è indispensabile ridefinire la consapevolezza, la loro qualità e rieducare la natura del gusto. Così, io non sono ciò che mangio ma ciò che penso.

Nelle moderne società, tranne alcune eccezioni, la conoscenza delle cose e di noi stessi si è del tutto estinta. Si è estinto un codice etico culinario, una disciplina alimentare dai riferimenti arcaici e, ancora più grave, la qualità degli alimenti: il loro odore e sapore, le loro diverse e innumerevoli varietà e proprietà. Si è estinto lo spirito... l'anima!

Un certo modo di alimentarsi è fondamentale per la nostra esistenza, e non solo per la mera sopravvivenza, ma per un fattore che io, definirei "dopante", che stimola i migliori umori del nostro essere e ci aiuta ad affrontare il domani, con una nuova gioia e dose di coraggio.

In questo modo, il nostro organismo (essere cosciente in ogni sua cellula) era in grado di comprendere consapevolmente ogni passaggio dell'iter della malattia e, in virtù di una tecnica connaturata, ne memorizzava i motivi e le cause per poi convogliarli nell'infinito bacino della coscienza di base. L'individuo era, prima di ogni cosa, il medico di se stesso che in virtù di un tale potere era in grado di gestire la sua salute e integrità fisica.

Quella che oggi, in forma strumentale, è definita "la medicina moderna", destabilizza questo processo naturale, interrompendo il corso della malattia e accanendosi in maniera ossessiva sui sintomi, eludendone le cause.

La propaganda mediatica a "tambur battente" su un uso indiscriminato dei farmaci, ha ridotto ai minimi termini la soglia sopportazione del dolore, così da rendere gli individui dipendenti e schiavi delle multinazionali farmaceutiche che sulla nostra pelle accumulano profitti stratosferici.

Per gli stessi motivi e con gli stessi strumenti attraverso i quali il Sistema Liberista Relativista si è imposto e insediato, esso si spegnerà. Quando questo accadrà, i territori industrializzati (nord in primis) che hanno fatto del progresso tecnologico la loro bandiera (noncuranti delle conseguenze e controindicazioni di una tale scelta insensata) pagheranno il prezzo della loro ignoranza e stupidità. Gli individui ancora integri, non contaminati (per ragioni di circostanze e di opportunità), diversamente, approfitteranno della loro condizione (un tempo derisa e vilipesa) per mettere a frutto la loro conoscenza, terreno di cultura di una nuova rinascita.

LA QUALITA' DELL'ACQUA COME PARAMETRO DI PROGRESSO E CIVILTA'

Una ricerca recentemente pubblicata sulla rivista Nature accende i riflettori sulla crisi idrica che sta minacciando le riserve d'acqua dolce del pianeta. Inquinamento, prelievo per usi agricoli, industriali e civili sono i principali responsabili di un prosciugamento che sembra non volersi arrestare. Secondo lo studio di Nature tra le zone più a rischio ci sono proprio i paesi del Mediterraneo, Italia compresa, dove si prevede una riduzione della portata media dei fiumi dal 30 fino all'80% nei prossimi decenni. Ciò significa che succederà sempre più spesso di dover decidere chi avrà diritto all'acqua: le città, i campi o i fiumi.

Quel giorno, vista la splendida giornata, mi sono concesso una pausa dal lavoro. Con la mia jeep ho raggiunto una località di mare a mezzora di strada da casa; una meravigliosa e infinita spiaggia che lambisce una lunga fila di vecchie case di pescatori, oltre le quali si ergono rigogliose e imponenti colline di querce, sugheri e corbezzoli. Un posto primordiale, magico e incantato che, per ragioni di praticità, avevo smesso di frequentare.

Era il 7 di giugno di quest'anno.

Nonostante fosse un giorno infrasettimanale e soffiasse un fastidioso vento di maestrale, molta gente aveva già preso possesso di quel piccolo paradiso. Dopo avere sonnecchiato una buona mezzora al sole, decisi di farmi un bagno ristoratore e godermi quell'acqua ancora fresca e (nel mio ricordo), unica per la sua trasparenza. Ad un tratto mi resi immediatamente conto di un'estesa macchia giallognola e oleosa che, come una pellicola, galleggiava ondulando sulla superficie dell'acqua. La gente non se ne curava e flotte di bambini inconsapevoli si immergevano in quel liquido fetido, fra piroette, grida di gioia e spruzzi d'acqua.

Padri dai corpi gonfi e flaccidi, abbrutiti da un'alimentazione ricca di estrogeni, ormoni e tossine chimiche e precocemente invecchiati da uno stile di vita sedentario e invalidante, noncuranti dello schifo, si godevano sul bagnasciuga il flusso costante delle piccole onde che lambivano le estremità dei loro arti inferiori. Altri, immersi fino ai fianchi perché incapaci di affrontare il brivido tonificante di una temperatura non ancora in linea coi loro parametri da pensionamento anticipato, si cimentavano in inutili e retoriche conversazioni di rito, alternate da risatine senza gioia e accomodanti cenni di consenso.

In quelle acque infette, ho attinto alla metafora del nostro presente.

Siamo talmente assuefatti ai miasmi di questa moderna società putrescente e in perenne simbiosi con il marciume e il lordume etico, morale e ambientale, che riteniamo tutto ciò (rare eccezioni a parte), perfettamente coerente e in linea con i nostri reali bisogni, a tal punto di non essere più in grado di valutarne i pericoli.

È quindi del tutto privo di qualsiasi logica e fondamento il solo immaginare un cambiamento, una riconversione, una rivoluzione quando i parametri necessari per giungere ad una reale presa di coscienza sono stati sacrificati per sempre sull'altare della stupidità liberista e della globale imbecillità umana.

Gli individui di quest'epoca dissennata sono così sporchi e marci dentro (nel profondo dell'anima), che non fanno più caso alla sozzura che li circonda. Il loro spirito è defunto e ogni valore e principio sono stati rimossi. Così, delegano al destino e al fato ogni oggettiva responsabilità e al Sistema Bestia ogni loro più intima scelta.

Cari amici lettori, questa è la cruda realtà! Nessuna nuova classe politica, o geniale riforma, o finanziaria lacrime e sangue ci potrà salvare dalla catastrofe ambientale, sociale, umana e di valori che, come un'ombra nera, si sta addensando all'orizzonte ad oscurare il futuro dei nostri figli. Il tempo stringe, e tutto volge al peggio!

All'indignazione deve seguire l'azione, perché la rabbia si trasformi in vendetta e la schiavitù in libertà.

Questa guerra tra poveri che ci divide sul Nulla deve giungere al termine! La stessa consolida il potere criminale che ci opprime e corrobora il suo progetto di omologazione.

Solo uniti si vince - solo uniti si cambia - solo uniti si spera! Oltre ogni bandiera, retaggio, personalismo e insulsa dipendenza.

IN CAMMINO VERSO L'INFERNO

La moderna scienza che ha voluto ridurre, e tradurre ogni cosa animata e inanimata a mera formula chimica, equazione algebrica e principio fisico non è in grado di resuscitare un uomo morto, né tanto meno – visto, che oggi, "certezza", non può prescindere da "scientifica" - crearne uno nuovo dal nulla, pensante e parlante, dotato di anima, coscienza e spirito.

Queste tre entità, del resto, sono sconosciute alla moderna scienza che ha investito ogni sua risorsa, umana e materiale, nel sondare l'infinitesimale - infinitesimale a sua volta.

E così si occupa di geni, di strutture genetiche, di codici genetici, anfratti genetici, manipolazioni genetiche, microscopiche entità visibili soltanto con l'ausilio di diabolici marchingegni dai costi inimmaginabili, ma che 'fino in fondo' non potranno mai vedere né scorgere il più remoto barlume di verità.

La vita, ogni forma di vita, non è la risultante della combinazione di geni, cromosomi e affini, né l'effetto ultimo di un fattore tecnico, ma si esprime dall'incontro di due anime, di due spiriti, di due coscienze, in assenza delle quali nulla potrebbe mai esistere.

Pertanto, tutto l'investimento riversato sulla tecnica si è rivelato un vero e colossale fallimento. Avremmo dovuto occuparci dell'anima e dello spirito, delle autentiche ragioni dell'uomo e dei motivi dell'esistenza: la sola scienza che avrebbe potuto e saputo guarirci da ogni male e tormento psicologico aprendo le porte a quel mondo che porta all'armonia, alla felicità e alla comprensione del Mistero. Abbiamo guardato il dito evitando che il nostro sguardo incrociasse il chiarore della Luna, e così imboccato la via più breve e più facile: quella strada a senso unico che porta dritti all'inferno.

Credere dunque che l'individuo umano sia la logica conseguenza prodotta dall'incontro di due fattori meramente organici è una bestialità – un'idea malsana, talmente minimalista e approssimativa da darci uno spaccato esaustivo del livello di ignoranza e di incoscienza in cui versa oggi il moderno Sapere occidentale. L'Incontro non è, che un tecnicismo (se pur necessario), ma se la vita non incontra una seconda vita che ne condivida il destino, nessuna scintilla potrà mai esplodere.

Potremmo seminare buoni semi di grano fra le sabbie del deserto o fra le nevi perenni della catena himalayana, ma nulla potrà mai germogliare e crescere in una condizione inanimata. Potremmo seminare aghi di pino fra le fertili pianure del Rajasthan alle pendici dei monti Aravalli bagnate dalle acque pure e fresche del Chambal, ma niente che assomigli alla vita potrà mai generarsi da un elemento di sterilità.

I caratteri somatici che definiscono il nostro aspetto, occhi, capelli, denti, mani, unghie, piedi, i muscoli, lo scheletro, ghiandole e organi, non sono che gli orpelli funzionali a un involucro precario e provvisorio che, in assenza di queste tre entità trascendenti (anima, coscienza e spirito) non sarebbe mai divenuto né potuto essere programmato e né pensato. I veri "Noi Stessi", sono di un'altra sostanza, invisibile a qualsiasi microscopio atomico, ma ben visibili al cuore cosciente di chi sa vedere oltre l'apparente e il razionale.

Lo spettacolo desolante di questo mondo che volge alla sua fine, le montagne di rifiuti e le scorie tossiche che stanno seppellendo le nostre esistenze, l'inquinamento dell'aria e la contaminazione delle acque, ci danno un quadro chiaro di quanto la scienza moderna sia stata nefasta per l'umanità tutta, e di dove ci stia portando il cammino intrapreso.

Perché, secondo voi, dopo oltre '50 anni di ricerca per combattere il cancro con relativo rastrellamento di denaro pubblico e privato, non si vede alcun risultato reale oltre a quello di avere saziato l'ingordigia e la vanità di scienziati e imprenditori dagli stomaci senza fondo?

Loro, i cosiddetti scienziati e sedicenti ricercatori, non cercano la verità ma denaro e profitto al fine di assecondare ed espletare i propri vizi e le proprie perversioni e mitigare quella frustrazione da impotenza di fronte agli insormontabili problemi, difficoltà e contraddizioni che la strada intrapresa verso la conoscenza tecnica produce ad ogni passo. Una scienza ottusa, arrogante, ipocrita e guerrafondaia che voluto guardare, compenetrare, vivisezionare, violare e profanare ogni cosa per volere toccare con mano il corpo nudo dei sogni, in un delirio di onnipotenza dai risvolti demoniaci – una scienza senz'anima né coscienza, che interviene sulle foglie, i frutti bacati e i rami secchi, lasciando marcire la radice dell'albero della vita.

In questo mondo dove ci sono miliardi di persone che vivono di stenti, muoiono per malnutrizione e per condizioni igieniche inenarrabili (impensabili in un mondo che ha preteso il marchio di società civile), la NASA sta buttando alle ortiche miliardi di dollari per un viaggetto su

Marte: il pianeta rosso del tutto ostile ma da colonizzare. I motivi pratici ci sono oscuri!!

Al giornalista che gli chiede la necessità di una tale avventura dai costi iperbolici, James Cameron (regista di alcuni film fra i più ridicoli e inutili della storia del cinema mondiale), risponde che "l'umanità ha sempre bisogno di nuovi stimoli per andare avanti", omettendo volutamente quelli della fame e della sete che devastano l'esistenza di centinaia di milioni di bambini nel mondo.

Questa scienza da "macelleria sociale" (una forma maniacale e compulsiva di curiosità infantile dall'aspetto ludico) avrebbe dovuto rivolgersi all'anima e allo spirito, lasciando al corpo fisico e alle sue imperscrutabili logiche ogni altra competenza e intraprendenza.

Il malato numero uno è la nostra anima e tutti i nostri mali fisici, morali e psicologici, ne sono la logica conseguenza! È di lei che ci dobbiamo occupare, è lei che dobbiamo curare perché, diversamente, non ci sarà fine al nostro dolore.

Nessun farmaco al mondo o nuova tecnologia possono oggi placare i morsi di un tale disagio esistenziale e restituirci quella gioia di vivere e la necessaria serenità che caratterizzavano lo spirito vincente delle grandi e illuminate civiltà del passato.

TATUATI E DISPERATI

È pur vero che non tutti i giovani sono come li sto dipingendo nell'articolo qui di seguito ma credo che una buona parte di loro lo sia – quando si trattano temi che riguardano le persone, le eccezioni sono sempre tante e implicite – ma vista l'eccezionalità della situazione socio-economica-morale-etica-ambientale che sancirà la fine del Sistema Liberista Relativista, non credo sia il momento di fare troppi distinguo e sconti a nessuno.

Il mio linguaggio è sicuramente forte e diretto, "sopra le righe", al punto da potere risultare offensivo, ma l'intento del mio argomentare è di scuotere questa gioventù allo sbando da quello stato di apatica narcolessia dentro la quale il Sistema Potere li ha relegati e resi inoffensivi.

In verità, la tanto decantata società del benessere ha partorito dei mostri: degli androidi. Individui geneticamente modificati dalla sistematica assunzione di ormoni, estrogeni, anabolizzanti, coloranti, conservanti, aromi sintetici e intrugli chimici, infiacchiti fino all'inverosimile nel corpo e nello spirito da comodità invalidanti, dipendenze strutturali e sistematica disinformazione.

I giovani sono quindi costretti a declinare ogni ragionevole sforzo, adattandosi ad una sorta di baby prepensionamento e trascorrendo il resto della vita di fronte ad un computer, ingrassando a dismisura e precarizzando la loro salute, fisica e mentale.

È forse a questa massa di poveri invertebrati e disadattati – benché innocenti e inconsapevoli – che abbiamo delegato le sorti del pianeta immaginandoli capaci di una rivoluzione antropologica, culturale, sociale, etica e filosofica? Eccoli lì, ciondolare indolenti sulle spiagge d'agosto, imbellettati da tatuaggi e piercing simboli di una omologazione di massa, che intende ostentare forza, carattere e libertà, ma che in verità nasconde e maschera una devastante paura esistenziale e un'effimera libertà.

Eccoli lì i nostri giovani, armati di telefono cellulare e scarpe da tennis che sembrano pronti a sferrare l'attacco mortale al cuore del Sistema. Guerrieri del nulla, piegati alla volontà della Bestia Liberista, uniformati e omologati, manipolati e plagiati, disattivati da ogni sussulto rivoluzionario e resi sterili della più recondita capacità di produrre futuro. E tutti laureati!

Eccoli lì i nostri giovani, le nostre speranze, intenti a scialacquare soldi mai guadagnati, sfidando la fortuna contro le infernali, slot machine, ingurgitando merendine industriali e bevande gassate – tutti fottutamente uguali – tutti fottutamente plagiati – tutti fottutamente laureati!

Eccoli lì i nostri giovani, alti come lampioni, senza massa muscolare, disarmonici, con la pancetta e il culo piatto – imbruttiti da uno stile di vita sedentario e parassitario, privati della forza di volontà e della consapevolezza – privi dei parametri di riferimento, scale di valori e principi etici. Un'umanità di lobotomizzati che, immaginando di essere libera, dà sfogo ai suoi peggiori istinti, consumando, divorando come cavallette fameliche tutto quel che di peggio il Sistema di Satana immette sul mercato.

Individui i cui comportamenti e le cui scelte sono condizionati in ragione del numero di spot visti e dalla loro capacità di persuasione. Una società che è lo specchio della televisione e viceversa, dove le responsabilità individuali lasciano il posto alle suggestioni mediatiche e i sentimenti, gli affetti, la quotidianità famigliare e le relazioni sociali sono la replica (la sceneggiata) di una grande Soap Opera commerciale, permeata di una disgustosa autocommiserazione e di una ironia ai limiti del patetico. Una popolazione non di individui pensanti e senzienti, ma di clienti classificabili in base al loro potere d'acquisto.

Questa umanità di soggetti prodotti in serie generata dal capitalismo liberticida non conosce la verità, e di conseguenza, la felicità. Ogni più remoto concetto di giustizia e di libertà è stato cancellato dal loro DNA, sostituito dalle immagini subliminali di un progetto di omologazione senza precedenti nella storia del mondo.

L'uomo di quest'epoca bastarda non è che la ripetizione in serie di una eccezionale stupidità, assunta a regola comportamentale. È sempre più simile a tutta quell'infinita varietà di tecnologie ludiche e infantili con le quali, in forma psicotica, si rapporta con allarmante quotidianità, alimentandone la dipendenza, la tossicità e lo spirito di emulazione.

Questo processo di disumanizzazione e di snaturamento, ha avuto inizio alcuni decenni dopo la rivoluzione industriale per attestarsi, in seguito (in un tempo eccezionalmente breve e con un'accelerazione impressionante), in omologazione meccanica. Mai, nella storia del mondo, si era prodotta una tale mutazione degenerativa, soprattutto in un arco di tempo così breve!

IL CANCRO SI COMBATTE A TAVOLA NON IN FARMACIA

Immaginate qualcuno che per guarire da una forte emicrania decida di darsi una martellata in testa. Pensereste subito di trovarvi di fronte ad un folle, ad un pericoloso autolesionista e, seduta stante, chiamereste un'ambulanza per farlo internare in qualche centro di salute mentale. Lo stesso ragionamento andrebbe applicato a tutta quella branca della medicina (per brevità definita 'moderna') che fuori da ogni logica e buon senso persiste nella sua 'immaginaria' lotta contro il cancro attraverso pratiche infernali (chemio-, radio-, e cobalto- terapia), che per loro natura possiedono l'intrinseca potenzialità di provocarli.

Sono oramai decenni che la medicina oncologica specula sulla buona fede, sull'ignoranza e sulle speranze della gente, con la falsa promessa di un'ipotetica cura contro il cancro. È, per similitudine, la stessa strategia che pratica la Chiesa cattolica che, in cambio di elemosine, opere di bene e oboli, promette la salvezza eterna fra le braccia del Divino Creatore.

Le terapie chemioterapiche acidificano a tal punto il corpo, che lo stesso deve ricorrere alle riserve alcaline dell'organismo per neutralizzarne l'acidità, sacrificando basi minerali (calcio, magnesio e potassio) depositati nelle ossa, denti, articolazioni, unghie e capelli.

Il sangue si 'autoregola' costantemente per non cadere in acidosi metabolica, garantire il buon funzionamento e

106

ottimizzare il metabolismo cellulare. Il corpo deve ottenere delle basi minerali alimentari per neutralizzare l'acidità del sangue nel metabolismo, ma molti alimenti (per lo più raffinati) acidificano il sangue e ammorbano il corpo.

Dobbiamo tener conto del fatto che, con il moderno stile di vita, questi cibi vengono consumati almeno 3 volte al giorno, 365 giorni l'anno e tutti questi alimenti sono antifisiologici.

La causa principale dell'insorgere del cancro è stata ufficialmente scoperta decenni fa da uno scienziato premio Nobel per la medicina, Otto Heinrich Warburg, nel 1931.

E da allora, nulla è stato fatto in base a tale conseguimento, se non rastrellare denaro fresco in tutto il mondo con la scusa di una fantomatica ricerca, per conto di associazioni come, ad esempio l'italiana, AIRC – quando la causa primaria del cancro era già da tempo conosciuta.

Pochissime persone in tutto il mondo lo sanno, perché questo fatto è nascosto dall'industria farmaceutica e alimentare.

Nel 1931, lo scienziato tedesco Otto Heinrich Warburg ha ricevuto il Premio Noanimaltesting Nobel per la scoperta sulla causa primaria del cancro.

Proprio così. Ha trovato la causa primaria del cancro e ha vinto il Premio Nobel.

Otto ha scoperto che il cancro è il risultato di un potere anti-fisiologico e di uno stile di vita anti-fisiologico. Perché? Perché sia con uno stile anti-fisiologico nutrizionale (dieta basata su cibi acidificanti) sia con l'inattività fisica, il corpo crea un ambiente acido (nel caso di inattività, per una cattiva ossigenazione delle cellule).

L'acidosi cellulare causa l'espulsione dell'ossigeno. La mancanza di ossigeno nelle cellule crea un ambiente acido.

Così afferma Otto Warburg:

"La mancanza di ossigeno e l'acidità, sono le due facce della stessa medaglia - Se una persona ha l'uno, ha anche l'altro". Pertanto, se una persona ha eccesso di acidità, automaticamente avrà mancanza di ossigeno nel suo sistema. Se manca l'ossigeno, avrete acidità nel vostro corpo. Le sostanze acide respingono ossigeno, a differenza delle alcaline che attirano ossigeno.

Pertanto un ambiente acido è un ambiente senza ossigeno".

"Privando una cellula del 35% del suo ossigeno per '48 ore è possibile convertirla in un cancro".

"Tutte le cellule normali hanno il bisogno assoluto di ossigeno, ma le cellule tumorali possono vivere senza di esso". (Una regola senza eccezioni).

"I tessuti tumorali sono acidi".

SOLO UN SILENZIO TOMBALE

Sento parlare di consumo eccessivo di farmaci, dei troppi controlli medici, dell'esorbitante spesa sanitaria e poi ci bombardano quotidianamente di programmi sulla salute. Ci sconvolgono la psiche, trattando delle malattie più improbabili e dei loro infiniti sintomi. Ci hanno reso un branco di ipocondriaci, paranoici, psicopatici e così ingrassiamo psicologi, psichiatri e manicomi.

Ci convincono che tutto sia dipeso da un trauma infantile e che dopo un migliaio di sedute riacquisteremo la nostra serenità perduta.

Nel frattempo le multinazionali farmaceutiche ingrassano le loro sporche viscere e la nostra vita si consuma nel bel mezzo di un freddo oceano fatto di ansie, angosce e fobie delle più disparate.

I medici di turno incassano la loro miserabile tangente in attesa di un nuovo, inutile, nocivo farmaco da sponsorizzare.

Sento parlare di malattie rare, genetiche, di tumori prodotti dall'amianto, dal mercurio, dal fosforo, dai metalli pesanti, pcb, dai coloranti, dolcificanti, dai pesticidi, diserbanti, fertilizzanti e affini…

sento parlare di inquinamento dei fiumi, dei mari, delle falde acquifere, dell'ambiente tutto, di rifiuti tossici, speciali, radioattivi, di una montagna di merda così alta da sommergerci completamente. Sento parlare di prodotti per l'alimentazione truccati, pompati, dopati, manipolati, contraffatti, OGM, mine vaganti che esploderanno all'interno dei corpi dei nostri figli e nipoti.

Sento parlare della chimica, della plastica, della scomparsa di infinite specie animali e vegetali, di ghiacciai marcescenti, di diavolerie di ultima generazione, e poi di sangue, sangue, dolore e morte.

Sento il grido di dolore degli uomini giusti, ma per quanto riguarda i veri carnefici di questa epoca necrofila, solo un silenzio tombale.

Da piazza San Pietro arriva il flebile invito alla fratellanza e all'amore. Poi scende la notte... domani è un altro giorno.

IL FUMO UCCIDE! E L'AULIN?

Con lo stesso bieco stratagemma (divenuto oramai pratica quotidiana), attraverso il quale le industrie del tabacco si mettono al riparo da ogni controversia giudiziaria, "il fumo uccide", allo stesso modo, si comportano le multinazionali farmaceutiche ammettendo e avvertendo pubblicamente degli effetti indesiderati e anche molto gravi (in alcuni casi mortali), relativi all'uso dei farmaci commercializzati.

La vera bestialità non è tanto questa, ma va ricercata nella stupidità, nell'ottusità e nell'autolesionismo di questa nuova e inedita razza umanoide, che persevera ad acquistare (con animo sereno) queste bombe chimiche ad orologeria che presto o tardi deflagreranno all'interno del nostro corpo.

Sotto accusa la facilità con cui è possibile acquistare questo farmaco, commercializzato in Italia dal 1985 con successo (nel 2002 nel nostro Paese si registrava il più alto consumo di questa specialità rispetto al resto dell'Europa).

Un corpo aggredito quotidianamente e sistematicamente da sostanze tossiche di ogni genere non può che ribellarsi e mutare la propria natura fino ad autoeliminarsi. Le continue percosse inferte ad un cane concorrono a modificarne l'indole, un tempo docile, in un'altra, aggressiva, feroce e sanguinaria. Un bel giorno, un tale cane azzannerà il suo carnefice e, per questo, verrà soppresso. Allo stesso modo si comporta il nostro essere, costantemente violentato.

Se non ci liberiamo della chimica e dei suoi intrugli diabolici, per dare fondo alle nostre ultime risorse vitali e finalmente, in un moto di vero orgoglio, rovesciare il tavolo sgombrandolo da tutte le effimere, illusorie, inutili e micidiali menzogne che il Sistema ci spaccia al pari di miracolose droghe, avremo perso per sempre la nostra libertà e come schiavi, invalidi e accattoni saremo costretti ad elemosinare conforto fra le braccia dei nostri carnefici.

Se avessimo voluto distruggere il Sistema, lo avremmo già fatto. Bastava rinunciare per un paio di settimane a tutto quel baraccone di cose inutili e per di più dannose che quotidianamente, come androidi, acquistiamo al mercato del Grande Malfattore, siano esse creme, balsami, shampoo, pillole, dolcini, dolcetti, detersivi, farmaci, psicofarmaci, diete dimagranti, rassodanti, snellenti, eccitanti, stimolanti, bibite, intrugli chimici di ogni genere e natura, plastica, tecnologia e affini; una montagna di merda così alta sotto la quale abbiamo sepolto la nostra libertà e dignità di esseri umani.

Questo non è stato possibile perché la nostra volontà si è estinta per sempre, e con lei la consapevolezza e il discernimento che abbiamo barattato in cambio di illusione, codardia e servilismo. Ma presto tutto questo finirà in ragione di un meccanismo di autodistruzione insito nel Sistema stesso.

Il prezzo da pagare sarà altissimo per tutta l'umanità, che volontariamente ha ceduto alle subdole lusinghe e alle seduzioni dell'effimero, mercificando il futuro dei suoi figli.

LA LEGGE UNIVERSALE DEL PRINCIPIO AFFERMATIVO FONDANTE PRIMIGENIO

Per produrre un grosso male, si parte sempre mascherandosi da 'bene'. Questo perché il bene è il "principio affermativo, fondante primigenio" di ogni cosa, mentre il male è una variante, un effetto intrinseco, attraverso il quale il bene si rigenera.

La negazione è sempre l'effetto di un'affermazione – mai il contrario. Se nessuno affermasse l'esistenza di Dio, nessuno la potrebbe negare, pur Dio esistendo. L'ateismo, pertanto, è strettamente dipendente, subordinato all'esistenza di Dio (concetto motivante), venendo a decadere la quale, la visione atea declina a congettura. Ergo: "Tu sei ateo perché io credo – ma se io smetto di credere, tu smetti di essere ateo. Diversamente, "se tu smetti di essere ateo, io posso continuare a credere all'infinito".

L'universo infinito nasce dunque dall'affermazione, È, mentre la negazione, NON È, assume un valore meramente tecnicistico.

Pertanto chi nega l'esistenza di Dio, nega l'esistenza del mondo tutto, non che la propria stessa esistenza. Il male può fingersi bene, mentre il bene non ha scopi di fingersi il male.

Bene e male, dunque, non sono le facce di una stessa moneta. Assolutamente no! Il bene è, mentre il male diviene in sua assenza. E questo vale per la vita e la morte, dove la vita è ciò che rappresenta il valore, mentre la morte ne è la conferma.

Il concetto di soggettività esiste in virtù dell'oggettività; il tradimento in virtù della fedeltà, la paura in virtù del coraggio, l'incoerenza in virtù della coerenza, il dubbio in virtù della certezza. Venendo a mancare questa differenziazione di merito, l'umanità si perderebbe dentro il caos del relativismo, decretando la propria distruzione ed estinzione.

Un tempo, quando si credeva che la Terra fosse piatta, il mondo era giusto e la percentuale di male rispetto al bene era la stessa, per similitudine, che esiste fra l'area occupata dalle venature di grasso di una fetta di prosciutto, rispetto alla rimanente parte magra. Questa era la proporzione! Il male, come la parte di grasso nel prosciutto, aveva la funzione di conservarlo, mantenerlo morbido e di esaltarne il sapore, ed era ininfluente sul buon funzionamento del fegato e delle funzione del corpo in generale; ma dirò di più - stimolava l'organo nel suo complesso, allertando e attivando la compagine degli enzimi che, diversamente, rischiavano (vista l'inattività) di atrofizzare la propria funzione. Quando l'eccezione diventa la regola, tutto l'impianto etico perde la sua forza originaria mortificandone i presupposti e le finalità. In questa eccezionale condizione, tutto viene relativizzato e la verità cessa di essere parametro di riferimento e obiettivo da perseguire, diventando subalterna al mero interesse particolare. E la stessa esistenza degrada a fenomeno tecnico, a spazio temporale, a formula chimica.

Oggi le cose si sono invertite – ribaltate. La catastrofe ambientale ne è la prova schiacciante e incontrovertibile.

La fetta di prosciutto, oggi, è occupata per la sua totalità dal grasso (il male), e le cellule del reticolo endoplasmatico del fegato (sfinite per l'estenuante lavoro) non sono più in grado di sintetizzare i lipidi.

A questo punto il fegato si ammala e muore, compromettendo la sopravvivenza di tutto l'organismo.

All'interno della società di massa, l'Ideologia della Distruzione (necrofilia) subisce una sorta di evoluzione. La sua correlazione con le percezioni sensoriali dirette, come l'olfatto, il tatto, il gusto, diventa sempre più modesta, fino a scomparire del tutto. Gli interessi dell'uomo si trasferiscono da ciò che è naturale, spontaneo, vivo ed umano, a ciò che è artificiale, meccanico, divertente, ma non gioioso e appagante – bensì frustrante. La sessualità diventa una capacità tecnica, i sentimenti sono appiattiti e talvolta sostituiti col sentimentalismo. Il controllo assoluto dell'ambiente circostante, finalmente raggiunto grazie alla tecnica, si espande a tal punto da inglobare la vita stessa dell'individuo, che a sua volta verrà controllato dalle macchine da lui create e assemblate – infernali strumenti di produzione in serie dalle controindicazioni apocalittiche che, proprio in virtù del loro scopo finale, prescindono da ogni codice etico, funzionale al bene comune e alla tutela dell'ambiente. Il carattere distruttivo dell'uomo assume poi dimensioni planetarie, paradossalmente proprio a causa del progredire della sua conoscenza tecnica. Una distruttività che non si limita al presente ma si proietta verso un ipotetico futuro.

Il relativismo etico che sta inghiottendo le moderne società liberiste è il risultato dell'azzeramento di ogni elementare parametro di riferimento, critico e di comparazione.

Il "falso" è un elemento fondamentale del relativismo e fratello gemello dell'ossimoro. I due, insieme, sono capaci di innescare tali catastrofi da fare impallidire il nazismo. Oggi la menzogna, in ogni sua espressione, trionfa nelle società moderne e democratiche come una nuova e rivoluzionaria regola relazionale.

Menzogna e relativismo camminano a braccetto lungo il viale della fine, e niente e nessuno potrà contrastare l'inevitabile.

Tornare a Dio significa affermare quel parametro imperituro attraverso il quale determinare la bontà delle nostre scelte e comportamenti e avere la consapevolezza dei nostri errori.

LA CIVILTÀ DEGLI IMBECILLI

Fino a quando il lavoro in fabbrica ucciderà cittadini innocenti, la disoccupazione costringerà al suicidio, e le industrie persisteranno a produrre scorie e rifiuti tossici, non parlatemi di ripresa, di crescita e di sviluppo. Fino a quando l'aria, l'acqua e la terra non riacquisteranno la loro primordiale purezza e tutti gli esseri viventi non si riprenderanno la propria dignità, e finché l'etica, la morale e il buon senso non torneranno a confortare il cuore dell'uomo ridando uno scopo alla sua esistenza, fino a quel momento non parlatemi di ripresa, di crescita e di sviluppo ma, soprattutto, non parlatemi di democrazia, di progresso e di libertà.

Il tempo stringe, e presto dovrete rinunciare al vostro iPhone del cazzo, poi al televisore, al computer, in seguito alla macchina, alla lavatrice, al frigorifero e a tutto quel Luna Park tecnologico del diavolo che ha invalidato la vostra esistenza e spento ogni residuo barlume di felicità – poi vi staccheranno la luce e il gas, vi prenderanno la casa, e quando sarà la volta dell'acqua… a quel punto, SARETE SCHIAVI A TUTTI GLI EFFETTI.

Nel frattempo ve ne state rintanati dentro i vostri appartamenti asfittici e decadenti, comodamente seduti sul divano della vostra fine in adorazione del vostro carnefice, a chiacchierare di nulla, mentre là fuori la terra aspetta di essere dissodata, seminata e dissetata – e mentre le vostre braccia e le vostre mani anelano al raccolto e il vostro cuore vorrebbe pompare di passione e di fatica – perché solo dal sudore della nostra volontà può nascere la gioia, la speranza e la libertà.

E non venite a dirmi che amate i vostri figli!!! Siete già morti.

In un lontano futuro passeremo alla storia come la "Civiltà dei Grandi Imbecilli": una specie aliena di invertebrati cerebrolesi, da tempo estinta, che aveva avvelenato il proprio habitat e ricoperto la Terra di uno spesso strato di cemento per fare correre le sue macchinette a combustione tossica senza alcun reale e comprensibile motivo. Una specie "termite" che ha bucherellato il pianeta per estrarne un liquido nero e oleoso, per poi trasformarlo in fumi, gas, e oggetti da discarica. Una "singolare" civiltà la nostra, della quale non rimarrà nulla, tranne montagne di plastica e contaminazione e che il nuovo mondo risorto un giorno dalle ceneri dell'apocalisse occulterà, vergognandosi di quell'oscuro periodo demoniaco in cui si era persa un'umanità senza Dio.

Sono almeno cento anni che il pianeta Terra è torturato a sangue con una crudeltà e ferocia inenarrabili, con gli strumenti di morte che Satana in persona ha forgiato e consegnato ai potenti della Terra e servi al seguito in cambio della loro anima. Presto il pianeta tirerà le cuoia, trascinando con sé, dentro il suo ultimo respiro, tutta l'umanità.

A volte mi domando per quale perverso disegno mi sia toccato vivere in quest'epoca bastarda, circondato da masse di codardi, di servi, di mentecatti e decerebrati. Un'epoca contrassegnata dall'orrore, dallo scempio, dalla contaminazione delle acque, dell'aria, da milioni di ettari di foreste abbattute, dall'estinzione sistematica di forme di vita, animale e vegetale, sommersi da una montagna di scorie e rifiuti tossici che si accaniscono sulla salute dei nostri figli, dispensando loro dolore, paura e morte. Mentre io avrei voluto vivere immerso nella purezza della natura, dissetarmi di acque cristalline e fresche, contemplare le stelle nel silenzio della notte, senza luci abbaglianti, rumori di ferraglia assordanti, e ringraziare il Cielo per tanta bellezza.

Così, non intendo più partecipare a questa grottesca farsa dei social network, investendo il mio prezioso tempo all'interno di una gabbia che ci ha resi inoffensivi e dipendenti da quel piano di manipolazione mentale che il Sistema Bestia ha programmato allo scopo di omologarci alle sue logiche di sfruttamento sistematico di ogni nostra residua risorsa, annichilendo ogni volontà, capacità critica e impulso di ribellione.

Tumori (oggi in forte aumento) e infinite altre vergognose malattie, disturbi neurologici, infarti e allergie non sono che la logica conseguenza di una alimentazione alterata nei suoi processi vitali ed evolutivi. Risultato di un'alterazione dello stato di coscienza indotta da una massiccia opera di propaganda che si prefigge di snaturare ogni regola e principio biologico in nome del "risultato Immediato e dell'interesse particolare".

Verdure, ortaggi e frutta fuori stagione che persistiamo a consumare durante l'anno come le voglie irreprimibili di una donna incinta appartengono a quella categoria di beni ai quali è stato sottratto il naturale tempo di crescita, sovvertendone ogni regola e alterandone le funzioni con l'aggiunta di principi chimici e interventi di manipolazione genetica.

Di fatto, questi prodotti conservano solo l'aspetto, la forma dei loro fratelli originali, ma di tutte le caratteristiche organolettiche e nutrizionali non vi è traccia alcuna.

L'estinzione di migliaia di specie animali e vegetali nel mondo non è solo relativa all'inquinamento del territorio, dell'aria e delle acque, ma è funzionale alla facilità e alla velocità di applicazione di tutte quelle macchine tecno/infernali immesse sul mercato, che alla fatica fisica hanno sostituito l'azione necro/meccanica.

Quale civiltà nella storia del mondo sarebbe mai stata in grado di mettere in atto quel piano di deforestazione (soluzione finale) di cui si sono macchiate le nostre moderne società? Motoseghe infernali di ultima generazione che sono in grado di abbattere alberi secolari in pochi secondi, come fossero fuscelli. Questa abissale sproporzione si pone a paradigma di quella devianza e depravazione morale, etica e spirituale messa in atto dell'uomo ipertecnologico di quest'epoca insensata.

Oceani, mari, fiumi e laghi sono ridotti a latrine a cielo aperto, mentre una flotta di migliaia pescherecci armati fino ai denti, rastrella i fondali marini sterminando ogni specie acquatica, animale e vegetale. Baleniere come corazzate in assetto di guerra fanno strage di cetacei per saziare la sete di sangue di individui asserviti alla volontà del Maligno.

Cacciatori per sport a bordo dei loro gipponi cromati, bardati di tutto punto, anfibi, tuta mimetica, fucile automatico, cartucciera "Rambo" (che sembra stiano per avere uno scontro a fuoco con dei terroristi) scaricano la propria frustrazione sulle ultime specie viventi del pianeta, provocandone l'inesorabile estinzione. Vorrei vederli armati di arco e di frecce e con cinque figli a casa da sfamare - morirebbero di fame nel giro di qualche settimana.

L'ateismo è un concetto moderno che comincia a radicare nella società parallelamente alle nuove teorie illuministe, che attraverso il mito/dogma della ragione avevano tradotto ogni comportamento e scelta a mera formula, numero ed equazione algebrica. L'ateismo, dunque, attecchisce nelle società industrializzate e si espande in maniera direttamente proporzionale all'evolversi del processo tecnologico industriale.

Oggi l'ateismo si espande a macchia d'olio in tutto il mondo occidentale. L'etica e la morale soccombono travolte dallo tsunami della dottrina materialistica di Satana. L'idolatria, che in passato era riservata agli dei, si trasferisce all'oggetto tecnologico. La spiritualità si fa esercizio mentale - la fede viene messa all'indice tacciata di eresia, la sete si fa arsura, la mediocrità verità, la felicità possessione.

L'ateismo dilagante dei nostri giorni, indotto dalla liturgia licenziosa e permissivista del liberismo materialista, ha scaraventato le società in un morboso relativismo.

Nel frattempo la pubblicità mente, la politica mente, la Chiesa mente, la scienza mente, i giornali mentono, e i padri mentono ai figli in un'orgia di relativismo parossistico in cui gli egoismi e le dipendenze spadroneggiano, e la Bestia Chimica generatrice di ogni male e di ogni dolore, ebbra di sangue, sancisce il suo trionfo.

L'IDEOLOGIA LUCIFERINA
GLI ILLUMINATI DELLA NOBILTÀ NERA

Come indica il nome stesso, gli 'Illuminati' si ritengono portatori di luce, ma la loro luce, in verità, è un'ombra nera come la pece che Lucifero proietta nella loro anima defunta. Sono quelli che aspirano all'immortalità del corpo e alla perpetua soddisfazione di vizio e perversione. Appartengono a tredici delle più ricche famiglie del pianeta che, da dietro le quinte, impartiscono e impongono ordini, regole e leggi ai loro seguaci al comando delle nazioni. Vengono anche definiti la Nobiltà Nera, i Decision Makers.

Il loro albero genealogico va indietro di migliaia di anni e sono molto attenti a mantenere il loro legame di sangue, di generazione in generazione, senza interruzioni.

Il loro potere risiede nell'occulto e nell'economia. Uno dei loro motti è: "Il denaro crea potere". Questi signori possiedono tutte le Banche Internazionali, oltre al settore petrolifero e tutti i più potenti, settori industriali e commerciali. Sono infiltrati nella politica e comandano la maggior parte dei governi e degli organi Sovrannazionali, primi fra tutti l'ONU e il Fondo Monetario Internazionale.

Un esempio del loro modo di operare è l'elezione del Presidente degli Stati Uniti: chi, tra i candidati, è maggiormente sponsorizzato vince le elezioni perché con quel denaro ha il potere di "distruggere" l'altro candidato. E chi è che sponsorizza e sostiene il candidato vincente? Ovviamente, gli Illuminati (attraverso le molte organizzazioni di facciata) fanno in modo di finanziare entrambi i candidati, per mantenere il "gioco" vivo e credibile, anche se in realtà hanno già deciso chi sarà il vincitore. A quest'ultimo vengono infatti assicurate maggiori risorse.

I loro piani sono sempre lungimiranti. Sembra che Bill Clinton sia stato preparato alla missione di Presidente dall'entourage degli Illuminati fin da quando era giovane.

Qual è l'obiettivo degli Illuminati? Creare un Unico Governo Mondiale ed un Nuovo Ordine Mondiale per sottomettere il mondo ad una nuova schiavitù: non una schiavitù fisica, bensì una schiavitù "spirituale". Essi vogliono imporre il loro credo: l'ideologia Luciferica.

Questo obiettivo non può essere conseguito nel periodo di una vita. Le sue origini sono antiche e risalgono al 1700, quando il complotto venne formalizzato con l'elaborazione di veri e propri documenti programmatici. Nella prima metà del 1700, l'incontro tra il Gruppo dei Savi di Sion e Mayer Amschel Rothschild (l'abile fondatore della famosa dinastia che ancora oggi controlla il Sistema Bancario Internazionale) porta alla redazione di un manifesto: "I Protocolli dei Savi di Sion". In 24 paragrafi, viene descritto come soggiogare e dominare il mondo con l'aiuto di un sistema economico. Sempre Mayer Amschel Rothschild aiuta e finanzia l'ebreo Adam Weishaupt, un ex prete gesuita, che a Francoforte crea un Gruppo Segreto dal nome "Gli Illuminati di Baviera". Weishaupt, prendendo spunto dai "Protocolli dei Savi di

123

Sion" elabora all'incirca verso il 1770 "Il Nuovo Testamento di Satana": un piano che dovrà portare non più gli Ebrei ma un gruppo ristretto di persone (gli Illuminati o Banchieri Internazionali) ad avere il controllo ultimo del mondo intero. La strategia di Weishaupt era basata su principi molto fini e spietati. Bisognava arrivare alla soppressione dei Governi Nazionali e alla concentrazione del potere in Governi ed Organi Sovrannazionali, ovviamente gestiti dagli Illuminati.

Ecco alcuni esempi operativi sulle cose da fare:

- Creare la divisione delle masse in campi opposti attraverso la politica, l'economia, gli aspetti sociali, la religione, l'etnia, etc ... Se necessario armarli e provocare incidenti in modo che si combattano e si indeboliscano.

- Corrompere (con denaro e prestazioni sessuali) e quindi rendere ricattabili i politici o chi ha una posizione di potere all'interno di uno Stato.

- Scegliere il futuro capo di Stato tra quelli che sono servili e sottomessi incondizionatamente.

- Avere il controllo delle scuole (licei e università) per fare in modo che i giovani talenti di buona famiglia siano indirizzati ad una cultura internazionale e diventino inconsciamente agenti del complotto.

- Assicurare che le decisioni più importanti prese da uno Stato siano coerenti nel lungo termine con l'obiettivo di un Nuovo Ordine Mondiale.

- Controllare la stampa così da poter manipolare le masse attraverso l'informazione.

- Abituare le masse a vivere sulle apparenze e a soddisfare solo il proprio piacere, perché in una società depravata gli uomini perdono la fede in Dio.

Secondo Weishaupt, mettendo in pratica le sue raccomandazioni si doveva arrivare a creare un tale stato di degrado, di confusione e quindi di spossatezza, che le masse avrebbero dovuto reagire cercando un protettore o un benefattore al quale sottomettersi liberamente - da qui, il bisogro di costituire degli Organi Sovrannazionali pronti a sfruttare questo stato di cose, fingendosi i salvatori della patria, per istituire un Unico Governo Mondiale. Nel 1871 il piano di Weishaupt viene ulteriormente completato da un suo seguace americano, Albert Pike, che elabora un documento per

l'istituzione di un Nuovo Ordine Mondiale attraverso tre Guerre Mondiali. Il suo pensiero era che questo programma di guerre avrebbe generato nelle masse un tale bisogno di pace, che sarebbe diventato naturale arrivare alla costituzione di un Unico Governo Mondiale. Non a caso dopo la Seconda Guerra Mondiale venne fatto il primo passo in questa direzione con la formazione dell'ONU, che possiamo definire la polizia del mondo degli Illuminati. Tornando al pensiero di Pike, la Prima Guerra Mondiale doveva portare gli Illuminati (che già avevano il controllo di alcuni Stati Europei e stavano conquistando attraverso le loro trame gli Stati Uniti d America), ad avere anche la guida della Russia. Quest'ultima avrebbe poi dovuto interpretare un ruolo che doveva portare alla divisione del mondo in due blocchi.

La Seconda Guerra Mondiale sarebbe dovuta partire dalla Germania, manipolando le diverse opinioni tra i nazionalisti tedeschi e i sionisti politicamente impegnati. Inoltre avrebbe portato la Russia ad estendere la sua zona di influenza e reso possibile la costituzione dello Stato di Israele in Palestina.

La Terza Guerra Mondiale sarà basata sulle divergenze di opinioni che gli Illuminati avranno creato tra i Sionisti e gli Arabi, programmando l'estensione del conflitto a livello mondiale.

Col passare degli anni il Quartiere Generale di questo complotto passa dalla Germania (Francoforte) alla Svizzera, poi all'Inghilterra (Londra) ed infine agli Stati Uniti d'America (New York). È quindi dal 1700 che le famiglie degli Illuminati, generazione dopo generazione, influenzano la storia per raggiungere i propri traguardi.

Ecco un elenco dei fatti principali che negli ultimi 3 secoli sono stati architettati, fomentati o finanziati dagli Illuminati: la Rivoluzione Francese, le Guerre Napoleoniche, la nascita dell'ideologia Comunista, la I Guerra Mondiale, la Rivoluzione Bolscevica, la nascita dell'ideologia Nazista, la II Guerra Mondiale, la fondazione dell'ONU, la nascita dello Stato di Israele, la Guerra del Golfo, la nascita dell'Europa Unita... Ovviamente non potevano pensare di conseguire i loro obiettivi da soli, avevano ed hanno bisogno di una "struttura operativa", composta da organizzazioni o persone che esercitando del potere operino più o meno consapevolmente nella stessa direzione. Come potete constatare, gli Illuminati controllano e hanno i loro uomini ovunque.

La loro strategia ha fatto leva su 2 capisaldi: a) La forza del denaro. Costituire e controllare il Sistema Bancario Internazionale; b) La disponibilità di persone fidate a loro asservite, ottenuta attraverso il controllo delle Società o Associazioni Segrete (logge massoniche).

Queste ultime, con i loro diversi gradi di iniziazione, hanno garantito e garantiscono tutt'ora quell'alone di discretezza necessario al piano degli Illuminati. Gli Illuminati, e chi con loro controlla queste Società, sono Satanisti e praticano la magia nera. Il loro Dio è Lucifero e attraverso pratiche e riti occulti manipolano e influenzano le masse. E pensare che la cultura dominante ci dice che la magia non esiste, anzi, considera ridicolo chi ci crede. È anche da questa scienza di tipo occulto, che gli Illuminati hanno sviluppato la teoria sul controllo mentale delle masse. Per chiarire ecco un esempio: a quanto sembra anche Hollywood, le maggiori Case Cinematografiche e Discografiche internazionali, fanno parte della rete degli Illuminati. Molte volte i loro prodotti sono usati come strumenti di indottrinamento e agiscono in modo "invisibile" sulla psiche. Penso che nessuno possa negare che oggi esistono certi tipi di musica, privi di qualsiasi qualità, il cui unico effetto voluto è quello di provocare nei giovani, apatia, robotismo, violenza e tendenza all'uso di droghe.

Ergo, imputare tutto ciò esclusivamente alla sola brama di potere e di ricchezza dell'uomo del XXI secolo non basta: questo, di fatto, non giustifica quello scempio umano, ambientale e di valori etici che, per la prima volta nella storia del pianeta terra (per sua eccezionalità), ha dato corso ad una degenerazione dello spirito tale da sancire la fine di un'epoca, la fine di un mondo, la fine dello stesso Sistema.

Immaginare di poter ridurre ad un fattore tecnico la causa di tutto ciò, imputabile alla sola azione umana, è estremamente semplicistico e limitativo, poiché sottintende la possibilità di una soluzione altrettanto tecnica, in grado di riconvertire la situazione. In verità, c'è qualcosa di più, di molto più serio e inquietante: l'intervento del Maligno. Inventare un oggetto tecnico, una sostanza tecnica, fisica, fisico-chimica, significa inventare un incidente specifico.

Questo aspetto negativo della tecno/scienza è stato censurato.

La "tecnocrazia liberista di Satana" impone di vedere solo la positività del suo oggetto e dissimula senza posa l'incidente, le controindicazioni e gli effetti collaterali.

Pertanto, nulla della moderna tecnologia avrebbe un senso senza l'intervento mistificatore del Maligno.

Una tale mutazione e degenerazione psico-socio-culturale, ha rimosso ogni preesistente regola, parametro e principio etico, azzerando ogni individualità e individualismo.

È stato facile, in questa condizione, commercializzare, mercificare e imporre la nuova dottrina del Male.

Con l'avvento, poi, dei mezzi di comunicazione mediatici, la loro capacità invasiva e potenza di plagio, si è prodotto quello che oggi è il Capital Liberismo Relativista, coronamento di una vittoria senza precedenti nella storia della Bestia.

PIÚ LA MALATTIA FA PAURA, PIÚ IL FARMACO COSTA

Il prezzo dei medicinali, stabilito dalle lobby farmaceutiche, è dipendente dal livello di paura e di dolore prodotto dalla maggiore o minore gravità della patologia nel soggetto colpito. Le farmaceutiche sanno bene che per un comune mal di testa o raffreddore possiamo decidere di spendere al massimo qualche euro, mentre per un'infezione virale da trattare con antibiotici si arriva già a qualche decina. Se si tratta di un disturbo psicologico e psichiatrico, allora il prezzo aumenta considerevolmente, essendo tali patologie molto spesso estenuanti e per lo più invalidanti.

Il costo di un farmaco si gonfia vertiginosamente se, per esempio, il soggetto è affetto da un tumore o da una malattia rara. In questo caso la cifra raggiunge le migliaia di euro.

Se il prezzo di un'aspirina o farmaco da banco, in genere, partisse da un minimo di 50 euro, nessuno lo acquisterebbe mai, e declinerebbe la cura su un rimedio naturale/tradizionale.

Il prezzo di un qualsiasi farmaco o prodotto per la cura di una qual si voglia patologia dovrebbe variare solo ed esclusivamente nel caso di una difficoltà oggettiva nel reperirne il rimedio, come nel caso di una particolare o specifica pianta o sostanza.

Sarebbe comprensibile la variazione dei costi di produzione, se l'aspirina contenesse rame, lo psicofarmaco argento, e oro il farmaco chemioterapico. Ma l'aspirina, lo psicofarmaco e il farmaco chemioterapico contengono tutti la stessa merda chimica. Cambia solo la formula.

I principi attivi di natura chimica (una volta definita la loro formula) possono esseri prodotti a livello industriale fino ad azzerarne i costi. Perché allora queste variazioni di prezzo da farmaco a farmaco?

Come ho detto sopra, in testa all'articolo, le aziende farmaceutiche fanno leva sulla paura della gente in misura della gravità o meno della patologia di cui soffre, ed è su tale base che decidono i prezzi. Se la paura del paziente sale, se è pressato dal dolore e forse rischia di morire, allora il paziente è disposto a spendere il massimo.

Dobbiamo anche subito sgombrare il campo dagli ipotetici rimedi sbandierati mediaticamente dalle lobby del farmaco, e dire che le controindicazioni ed effetti collaterali di questi prodotti superano di gran lunga i benefici apparenti e momentanei, e che nel tempo daranno forma ad ulteriori malattie innescate dall'assunzione protratta di sostanze chimiche (e pertanto tossiche) che si vanno a depositare nei vari organi del corpo senza alcuna possibilità di essere espulse.

UNA LIBERA CONCORRENZA FRA BENI INUTILI

Tutto questo proliferare incessante di beni di ogni tipo, specie e natura, che il Sistema Liberista immette senza sosta sul mercato, è la conferma inopinabile e inconfutabile della loro totale inutilità. Se uno solo di questi beni producesse dei reali, concreti, efficaci vantaggi e benefici alle richieste di bisogno della comunità, renderebbe inutile e superflua la produzione di tutti gli altri, e decadrebbe seduta stante il concetto di "libera concorrenza". Una libertà che nega l'originale significato etimologico di diritto, ma si ascrive a strumento di raggiro a fine estorsivo e rinnega ogni forma di autentica civiltà e di società.

La "libera concorrenza" è quel diabolico meccanismo di mercato che ci dà la possibilità di scegliere fra una larga gamma di beni e prodotti del tutto identici, ben sapendo che il loro livello di qualità e pericolosità è già ben oltre la soglia della sicurezza sociale. È la concorrenza, ciò che oggi dirime la commercializzazione e l'acquisto di prodotti che sono accomunati dall'intrinseca potenzialità di danneggiare con certezza matematica il consumatore.

Con mezzi di comunicazione e di interazione mediatica sempre più invasivi, il Liberismo dà il meglio di sé nell'esibire la sua vera indole necrofila e il suo scopo finale. La qualità, la naturalezza e i principi nutritivi delle materie prime sono stati incredibilmente rimossi e sostituiti da elementi chimici di natura sintetica e cancerogena e, di seguito, commercializzati attraverso un'opera di propaganda mistificatrice che induce al loro acquisto, esclusivamente sulla base di una visibilità che il prodotto ottiene, in maniera direttamente proporzionale al numero di Spot che lo pubblicizzano. Una concorrenza di quanto di peggio ci sia in circolazione, che non si attiene più a criteri di eccellenza ascrivibili ad un atteggiamento di stampo etico/deontologico da parte del produttore, ma che anzi gioca sull'assenza di quei parametri di riferimento oggettivo e comparativo che sono necessari e in mancanza dei quali il consumatore non è più in grado di riconoscere le reali qualità e caratteristiche del bene.

Dovremmo dunque chiederci (giusto per fare qualche esempio) perché esistano così tanti tipi di farmaci contro il mal di testa, il bruciore di stomaco, i dolori articolari, e altrettante diete, beveroni magici, lassativi, detergenti, ecc…, quando ne basterebbe uno solo per ognuna di queste necessità, di efficacia tale da sbaragliare per sempre dal mercato tutti gli altri. Se questo accadesse, per Liberismo Sistema sarebbe la fine.

Adesso supponiamo che io disponga di una certa cifra X, ed intenda entrare nel mondo degli affari per rendere produttivo il mio capitale e ricavarne dei profitti. Come primo atto, commissionerò ad un'agenzia specializzata "un'indagine di mercato", per capire verso quali beni è orientata la domanda della massa.

A questo punto deciderò quale bene produrre, in base ad una semplificazione che tiene conto dei costi di produzione e distribuzione e di alcune caratteristiche in linea con le mie competenze e visione delle cose.

Quantificando in 100 il mio capitale da investire, ne destinerò una quota (1%) ai costi relativi alla produzione del bene, mentre le 99 restanti (quasi l'intera somma) le disporrò per una massiccia campagna pubblicitaria capitanata da un accattivante slogan che miri dritto al cervello del branco di allocchi.

In questo modo creo un bisogno che non esiste, o meglio che non esisteva, in ragione di un condizionamento indotto da un'opera di suggestione subliminale e di persuasione forzata. Un gioco da ragazzi!!

In realtà, il bene da me prodotto non serve a nulla: non è di nessuna utilità, né per il singolo né per la società! È uno fra le migliaia di prodotti inutili esposti in bella vista sugli scaffali di qualsiasi supermercato, per lo più dannosi alla salute e all'economia famigliare. Potrei chiamarlo Danacol, Actimel, Bifidus Essensis Acti Regularis, o qualcosa che faccia "snellire dormendo" dal nome di "Somatoline Cosmetic"!

Un buon 90% della nostra economia e relativa occupazione si basa su quel perverso meccanismo che deve la sua sopravvivenza al commercio sistematico di beni effimeri, inutili e per lo più dannosi – ma oggi ha i giorni contati.

Un'ulteriore, drastica e inevitabile contrazione dei consumi costringerà migliaia di fabbriche a chiudere i battenti lasciando per strada milioni di lavoratori che, per causa di forza maggiore, si dovranno astenere da ogni consumo che non sia vitale. È il cane che si morde la coda – una trappola che non ci concede vie d'uscita - un Sistema cialtrone che si avvita su se stesso e non prevede altra soluzione che non sia il proprio azzeramento.

Pertanto, non c'è proprio più nulla di che meravigliarsi né tantomeno, di allarmarsi, guardando i dati relativi alla disoccupazione.

Sarà sempre peggio visto che sempre di più la gente ridurrà i suoi bisogni all'essenziale. E non solo per motivi di risparmio, ma perché è finalmente consapevole di quanto insensato sia tutto questo consumismo selvaggio e senza regole, causa di disparità sociale e deriva morale - un meccanismo di autodistruzione.

Produrre e consumare cose inutili e nocive per tenere in piedi questo Sistema di aria fritta si pone a paradigma di un'umanità miserabile, svuotata di ogni suo vero contenuto etico, e di ogni motivo di esistere. Passeremo alla storia come "la civiltà degli imbecilli" per essere ridicolizzati e sfottuti nei secoli dei secoli a venire.

L'occupazione derivante da un lavoro che si basa sulla produzione di beni voluttuari è precaria per definizione. Esaurito l'effetto della carica propagandistica ingannevole, che codificava questi beni come utili e necessari (sinonimo di progresso e di benessere), i consumatori si asterranno dall'acquistarli, anteponendo, per priorità, quelli essenziali e primari. E questo è ciò che sta accadendo! Questo meccanismo perverso che da quasi mezzo secolo é stato in grado di raggirare il buon senso dei cittadini, alterandone la consapevolezza, oggi si è bloccato, inceppato – è grippato!

La gente comune che è stata costretta dalla "Crisi" a ridimensionare drasticamente il suo tenore di vita riducendo tutto all'essenziale ha finalmente, forzatamente compreso (anche se fuori tempo massimo), che tutta quella lunga lista di beni che un tempo acquistava sulla spinta di falsi bisogni indotti dal plagio mediatico, in realtà non sono di alcuna utilità.

È tempo di fare di necessità virtù - imbracciare la zappa e cominciare a faticare! Un'occupazione sicura, salutare e onorevole.

La terza guerra mondiale c'è ma non si vede!

Poniamo, per un assurdo, che la distanza che separa Marte dalla Terra sia di soli 1000 Km. Per quale motivo dovremmo comunque esplorare e colonizzare un pianeta ostile e privo della più elementare forma di vita, se non per soddisfare la mera e morbosa curiosità di una banda di cialtroni in camice bianco asserviti al Sistema Potere?

Come un folle che crede di catturare la luce della luna dentro un barattolo di vetro, così si comporta la ricerca spaziale che investe miliardi e miliardi di dollari per scoprire qualcosa che non esiste fra le glaciali profondità del Nulla. Una tale montagna di denaro sarebbe bastata a rendere fertile e rigoglioso il deserto del Sahara, a sconfiggere per sempre la fame nel mondo e a rifornire d'acqua tutti quei popoli privati di un tale dono primario. Lei, l'acqua, il più nobile degli elementi, il più prezioso dei gioielli, è oggi contaminata irreversibilmente dall'arroganza e dall'ingordigia di stomaci senza fondo che, come buchi neri, travolgono nel loro vortice le nostre vite.

Il Sistema Liberista è ormai arrivato a rendere redditizia la speranza, facendo quotidianamente della verità, del suo declino, una verità universale che incita a una inevitabile rassegnazione.

Quando la terra e l'acqua sono oggetto di speculazione a fine del profitto privato (con tutte le conseguenze devastanti sulle popolazioni), dimentichiamoci ogni futuro, e prepariamoci alla terza guerra mondiale.

Dobbiamo prima di ogni cosa capire un dato, per sapere che tutte le tecnologie ludiche e domestiche che interagiscono con la nostra quotidianità, condizionandone i comportamenti e omologandoli alle ragioni del Sistema Bestia, non sono che le varianti relative alla ricerca spaziale e alla produzione di ordigni bellici di distruzione di massa. Da ciò possiamo trarre le debite conclusioni sulla bontà o meno della loro applicazione alla società.

È doveroso poi sapere, che tutta la ricchezza inglobata dal Liberismo Relativista deriva esclusivamente dalla distruzione, dalla violazione, dalla contaminazione e profanazione dell'ambiente. I costi necessari per l'attuazione di un ipotetico piano di bonifica globale (al fine di ripristinarne lo stato originale depurando il territorio, le acque e l'atmosfera da ogni contaminazione e intrusione di natura industriale) sono incalcolabili, il che rende impraticabile ogni presunta strategia di finanziamento.

Le cause di invalidità e di morte relative all'aumento esponenziale di infinite patologie tumorali riconducibili all'uso disinvolto della tecnologia liberista (controindicazioni ed effetti collaterali) e dell'industria chimica in primis, si annoverano nel numero di centinaia di milioni all'anno nel mondo, a tal punto da rendere le 60 milioni di vittime prodotte dalla seconda guerra mondiale (9 milioni la prima), le prove precedenti al debutto di quel piano di sterminio programmato contro l'umanità, architettato a tavolino dal Sistema Potere in questi ultimi decenni: **la terza guerra mondiale**.

A fronte di questa carneficina sistematica riesce difficile solo sospettare che il Liberismo abbia prodotto un qualche vantaggio e beneficio alla società!

Inoltre, il Sistema non è in grado di smaltire milioni di tonnellate di scorie e rifiuti tossici che ogni giorno, incessantemente, lo stesso rigurgita sull'epidermide del pianeta. I costi poi, relativi alla sua manutenzione, ordinaria e straordinaria, sono talmente esorbitanti e sconcertanti (incommensurabili) da vanificare ogni reale profitto e progetto futuro sostenibile.

E tutto questo è l'effetto nefasto di una licenza mascherata, sdoganata come diritto e trasfigurata in libertà.

Liberi, lo eravamo già da millenni! Liberi dalla complessità canaglia e schiavista di queste società del consumo ad libitum, che ha obnubilato e omologato ogni coscienza e capacità critica. Liberi dalla monnezza e dai rifiuti tossici, dalle scie chimiche, dalla contaminazione delle acque – liberi di vivere, di scegliere e di sognare. Liberi di morire!

Le vere "bestie" siamo noi, e noi stessi siamo quel Sistema che oggi demonizziamo e abiuriamo al pari di un infernale sortilegio! Noi, che con i nostri comportamenti dissennati abbiamo resa possibile quest'opera di contaminazione e di manipolazione incuranti degli effetti nefasti sul futuro delle generazioni a venire – noi, avviluppati al tepore sinistro del nostro egoismo, di una eccezionale stupidità e di una comodità invalidante. Noi, che oggi, sul baratro del precipizio, persistiamo nel non volere affrontare le nostre oggettive responsabilità e colpe, accanendoci su una Bestia invertebrata e subdola che noi stessi abbiamo partorito. Noi, che ancora una volta anteponiamo le parole all'azione e le attenuanti alla necessaria rinuncia – noi siamo i veri cospiratori, noi i complottisti, noi che ci assolviamo da ogni onere, per puntare il dito contro quell'immaginario nemico che in verità siamo noi stessi.

Per uscire dalla crisi e dalle sabbie mobili del Liberismo, sarebbe bastato averlo voluto fortemente! Riconvertire l'industria di Satana in agricoltura – un ritorno in massa alla Madre Terra, sostituendo a ciò che oggi è 'meccanico' la forza delle nostre braccia, unita a quella risorta passione e forza di volontà che, fin dall'alba dei tempi, aveva contraddistinto e caratterizzato l'essere umano.

"Quando il mondo classico sarà esaurito – scrive Pasolini – quando saranno morti tutti i contadini e tutti gli artigiani, quando non ci saranno più le lucciole, le api, le farfalle, quando l'industria avrà reso inarrestabile il ciclo della produzione, allora la nostra storia sarà finita".

"Non ho idea – scriveva Einstein – di quali armi serviranno per combattere la terza Guerra Mondiale, ma la quarta sarà combattuta con i bastoni e con le pietre". È lo stesso Einstein che, con le sue scoperte e ricerche, aveva concorso alla realizzazione dell'ordigno più devastante e diabolico della storia dell'umanità: la bomba atomica.

TELEVISIONE E SPAZZATURA
LA CAUSA E L' EFFETTO

Come stupirsi dell'impressionante escalation della violenza nei paesi industrializzati? È pura ipocrisia!
È come se tutti noi, abitando in una fogna, ci meravigliassimo di vedere sempre più persone mangiare merda: è la televisione, la nostra realtà.

L'immagine che più di ogni altra rappresenta inequivocabilmente la televisione è di un'immensa discarica, e come tale andrebbe bonificata: dagli sponsor, dalla pubblicità, da migliaia di parolai, servi ed impostori che ci dispensano ignoranza, trivialità e paura.

Oggi i miasmi di questa discarica e la loro tossicità è tale da non lasciare spazio a nessun futuro. I nostri figli erediteranno il tanfo della fine.

La televisione, per una sorta di causa-effetto, ha assunto le sembianze di un'immensa cloaca, subissando la storica "Massima Romana" per quantità, fetore e per un infinito quanto vario numero di escrementi dai nomi più stravaganti come: reality, grande fratello, l'isola dei famosi, c'è posta per te, amici, tuttologi, massmediologi, opinionisti e affini.

Per milioni di anni, l'uomo non ha mai prodotto nulla che non fosse biodegradabile o che comunque non rientrasse nel naturale processo di decomposizione e trasformazione delle cose.

La "Spazzatura" fa il suo debutto in società nei primi anni 50, quando, per una singolare concomitanza, la nostra cara TV faceva per la prima volta la sua apparizione nelle case degli italiani. Che ci sia un nesso logico, fra la spazzatura e la televisione? Assolutamente si!

Queste due inquietanti entità sono legate tra di loro a doppio nodo e sono le due facce di una stessa medaglia.

È innegabile che con l'avvento della TV commerciale tutta questa spazzatura che ci sommerge abbia avuto un incremento esponenziale incontrollato e che nessun inceneritore, oggi, potrà mai smaltire i miliardi di tonnellate di questa "monnezza" che il sistema vomita quotidianamente sulle nostre vite.

Oscurare la TV commerciale, dunque, è il primo passo per risolvere in maniera sostanziale il problema della spazzatura – congiuntamente, vanno definite regole ferree per quella pubblica.

Agli imprenditori dovrebbe essere vietato ogni tipo di Sponsor finalizzato a propagandare prodotti di nessuna qualità, ed investire invece questo denaro per elevare al massimo la loro genuinità ed eccellenza. Questa è la vera e sola concorrenza!

Testimonial 'di razza' come calciatori, piloti, attori, imbonitori e affini, dopo decenni di vacche troppo grasse, saranno costretti a ridimensionare drasticamente i loro ingaggi, non solo perché inverosimili, ma per rispetto per tutti quei lavoratori veri che consumano la loro esistenza dentro fabbriche tossiche per mille euro mensili.

A meno spazzatura corrisponde più civiltà, e le condizioni necessarie per una vita, degna di essere vissuta.

Quale stupido, dunque, si può ancora meravigliare dell'incremento costante relativo ai dati sulla xenofobia, sulla violenza domestica, sulla droga, sulla prostituzione giovanile, sull'alcolismo, sulla pedofilia, sul bullismo e sui pregiudizi persecutori di ogni genere e tipologia? Tutto ciò è possibile in quelle società dove il relativismo ha fatto della licenza la libertà e dell'informazione una piattaforma di lancio a beneficio del maligno. Una ben confezionata "pubblicità progresso", poi, laverà le coscienze di tutti, come una salutare confessione domenicale.

Pertanto mi meraviglia la meraviglia di chi si meraviglia (oppure ostenta meraviglia) di fronte ai continui e sistematici atti di crudeltà e violenza che si consumano dentro le mura di casa, per le strade e in ogni luogo.

La puritana ipocrisia insita in questo meravigliarsi è a dir poco sconcertante! Volgarità, effimera vanità, ostentazione narcisistica del proprio corpo, riluttante pornografia, becera pubblicità, chirurgia estetica, programmi televisivi impregnati di lordume umano, dove si decantano i disvalori e si consumano sacrifici umani alla stupidità: questi sono gli ingredienti di una miscela esplosiva che si traduce in disperate forme di brutalità e di ferocia, risultato ultimo di comportamenti compulsivi, manie e fobie.

La portata di fuoco diseducatrice e le forti sollecitazioni sul piano del desiderio erotico sessuale insoddisfatto innesca nell'individuo instabile (in quasi tutti noi!!) una delirante frustrazione che, nell'appagamento ad ogni costo e con ogni mezzo, esaurisce la sua carica nevrotico/morbosa.

La televisione è la grande puttana. È lei il mandante di tutta questa violenza su donne e bambini innocenti. È lei che legittima un tale degrado ed elude ogni sua responsabilità! È dunque a dir poco spudorato meravigliarsi di tutto ciò, quando uno stuolo di baldracche in vendita al peggiore offerente si prostituisce a tempo pieno sui canali televisivi (e altrove), con il beneplacito e la totale approvazione di un Sistema che, nell'indice di ascolto, incarna il suo fine ultimo.

Se non comprendiamo il nocciolo della questione, risolvendo il problema alla radice, nessuna forma di repressione sarà in grado di produrre i risultati auspicati. Dunque, pene certe e severe per gli autori di tali crimini e messa al bando per chi istiga a comportamenti compulsivi e violenti agendo sulle emozioni primordiali dell'essere umano, speculando sulle sue debolezze e facendo leva sui lati peggiori dell'individuo.

La chimica corrode lo spirito: è una contraffazione del divino dalle controindicazioni e dagli effetti collaterali devastanti.

LA STORIA DELLA TERRA IN TRE PASSAGGI

Si racconta che quel giorno dell'anno Zero, Dio si sentisse stanco, scarico, che una sorta di irritazione gli impedisse di riposare. Gli uomini sulla Terra lo stavano dimenticando, dando fondo ai loro peggiori istinti, a vizi, perversione e ogni sorta di aberrazione, intenti a soddisfare ogni loro di debolezza, dipendenza e compulsione.

L'energia prodotta un tempo dalla fede (che come un faro alimentava il suo potere) si era ridotta a flebile fiammella, a tal punto che lo stesso Dio, precocemente invecchiato, rischiava seriamente di capitolare e cedere il suo scettro a Satana in persona. Fu così che decise di giocare la sua ultima carta. Chiamò al suo cospetto un certo Gesù Cristo, l'ultimo maestro, ordinandogli di scendere sulla Terra al fine di redimere gli uomini e indicare loro la via verso la salvezza eterna. Il Cristo obbedì, e forte dello spirito divino scese fra gli uomini deciso a compiere la sua missione.

Ma nonostante l'impegno, il coraggio e una sorprendente forza di volontà, gli eventi precipitarono, e a nulla valsero le esortazioni e le suppliche dei suoi discepoli e della folla redenta per sottrarre il Cristo all'atroce condanna della crocefissione. Il Cristo morì dopo ore di tormento, consumato dal dubbio sull'effettiva, reale potenza e onniscienza di quel Dio che sempre aveva servito con spirito di abnegazione e con una straordinaria fedeltà.

Dall'alto dei cieli il sommo Creatore osservava interdetto, maledicendo gli uomini e la Terra per averlo tradito e avere consegnato l'anima nelle mani del suo peggiore nemico di sempre: la Bestia mefistofelica dalle mille teste di serpente.

Ma non si perse d'animo! Dio prese fiato, ed espirando con tutta a sua potenza soffiò nuova vita sul corpo morto del Cristo che subito rinvenne per poi palesarsi a suoi fedeli apostoli. Un tale miracolo – pensava – avrebbe scosso anche i cuori più increduli e ottusi, e presto tutti si sarebbero arresi all'evidenza, pentiti e prostrati in adorazione e in preghiera del Grande Signore Celeste, unico e solo vero Dio. Questo avrebbe alimentato di nuova energia la flebile fiammella del suo cuore per trasformarla in un immenso fuoco perenne che nessuno mai avrebbe potuto spegnere per le eternità a venire. Nulla di questo accadde. Lo sconforto, la prostrazione e la disperazione si impossessarono del Grande Spirito Divino che, detto fatto e senza ripensamenti, si eclissò per sempre verso i confini dell'infinito universo lasciando il mondo fra le grinfie insanguinate del Signore del Male.

Era l'anno 2075, e gli uomini abbandonati a se stessi, avevano così perso ogni punto di riferimento oggettivo, valore e principio, e come vele nella tempesta procedevano a vista nelle fitte nebbie del "Tutto è relativo".

Della Terra non si ebbe più traccia, notizia, e nessuno mai da allora né parlò più.

Oggi, anno 3013, gira voce che dopo la dipartita di Dio, un ateismo dilagante si espanse a macchia d'olio in tutto il mondo occidentale, fino ad infettare nell'arco di qualche secolo ogni nazione, paese, città e rione. Si racconta di una certa "rivoluzione industriale" che strappò gli uomini dalle campagne per asservirli ad assordanti macchine infernali che producevano cose che non servivano a niente e che tutti facevano a gara per possedere. Se ciò sia vero o meno, non posso affermarlo, ma certo che è molto singolare. Si dice ancora di guerre atomiche con milioni di morti e di campi di concentramento nei quali si uccidevano i diversi perché non erano uguali ad altri. È difficile capire il senso e le ragioni di tutto ciò, pare che in quei tempi tutto fosse veramente incomprensibile. Del resto senza parametri di riferimento non è facile decidere quale sia la cosa più giusta e sensata da fare.

C'è una cosa, comunque, alla quale non posso assolutamente dare credito, e cioè che gli uomini di quel tempo contaminassero l'acqua, l'aria e i loro territori con sostanze tossiche prodotte in strani ambienti che chiamavano "laboratori di ricerca". Questa è sicuramente una bufala: troppo sporca! Quale uomo al mondo o nell'universo infinito avvelenerebbe l'acqua con la quale deve dissetare i propri figli, abbeverare i propri animali, e irrigare i propri campi? È un'aberrante visione anti/materica, che può avere spazio solo in soggetti compromessi in forma irreversibile da una totale assenza di spirito, di anima e di coscienza. In breve, un'assurdità.

I più informati, poi, narrano di un certo "Liberismo" ma non si è capito bene che cosa fosse. Si tratta in sintesi di un grande mercato globale che si reggeva sul consumo sistematico di beni effimeri, per cui, in virtù di mezzi di persuasione (allora definiti Media), si condizionava la gente ad acquistare e consumare cose e oggetti di nessun senso, ritenendo che questo fosse il solo modo per essere felici e liberi.

Di certo sappiamo che di questa civiltà non è rimasto nulla a testimonianza del suo passaggio su questa Terra. E se fosse vero quello che si racconta... meglio che si sia estinta per sempre.

UNA TIPICA FAMIGLIOLA DI ANDROIDI MODERNI

Quel bisogno di fare le cose in fretta, senza troppo sforzo e impegno, così da poterne fare altre, e sempre di fretta e male, ha portato gli individui della nostra epoca (per un senso decenza definita "moderna") ad avvalersi di tecnologie in grado di accorciare il tempo e lo spazio, senza curarsi degli effetti nocivi sulla salute e delle loro controindicazioni.

Così la madre premurosa, dopo avere acquistato il suo bel pollo al supermercato, cresciuto ad ormoni ed estrogeni (una bomba chimica di tutto rispetto) lo inserisce nel suo bel fornetto a microonde, che in pochi minuti lo renderà "commestibile" e pronto ad essere divorato dall'inconsapevole famigliola di zombie, annaffiato con una MAXICOLA rigorosamente ghiacciata.

L'allevatore di polli in batteria, che come tutti non vuole perdere tempo, né tanto meno sottoporsi a sforzi eccessivi, rimpinzerà i poveri pennuti di mangimi all'arsenico (rigorosamente Pzifer – Roxarsne) di sostanze chimiche derivanti da processi di sintesi e di antibiotici quanto ne basta.

Anche l'agricoltore, un po' fannullone e furbetto, non è da meno. Diserbanti, pesticidi e una bella dose di fertilizzanti gli assicureranno un raccolto veloce e abbondante.

Luca, dopo avere mangiato il pollo, avverte un senso di pesantezza alla bocca dello stomaco, un bruciore, e un forte mal di testa lo costringe a decidere di abbandonare l'idea della discoteca. Ma il "pronto intervento" della madre premurosa risolve la questione in un lampo, porgendogli una pastiglia di Malox e due di Aulin. (Fra gli effetti collaterali dell'Aulin e degli antidolorifici in genere sono indicate emorragie gastriche che possono portare alla morte).

Luca si sente subito meglio, agguanta il giubbotto, si assicura di avere con sé il cellulare, ringrazia, e con un ritrovato sorriso esce sbattendo la porta. La mamma, soddisfatta, si ritira nella sua stanza pronta a consumare un lungo sonno, ma non senza avere preso la sua dose serale di barbiturici. (In molti psicofarmaci è bene evidenziato il fatto che possano, in alcuni casi, portare al suicidio – oltre a tutto il resto).

Ma ecco che subito squilla il cellulare posto sul comodino. È Franco, il marito ingegnere, che dal Sudafrica la chiama per augurarle la buona notte. Un'ora di conversazione dal contenuto retorico, in cui la povera donna, dopo essere stata bombardata per '60 lunghi minuti dalle onde ionizzanti del telefonino, conclude dicendo: *Che straordinaria invenzione.. ci possiamo sentire quando vogliamo, da qualsiasi posto e da qualsiasi distanza – ti amo amore.. chiamami presto*".

Non sapremo mai, del resto, quante emorragie gastriche, patologie tumorali e suicidi siano da mettere in correlazione con l'uso di farmaci, di forni a microonde, del telefono cellulare, di diserbanti e fertilizzanti chimici, etc… ma è facile immaginare la loro potenziale pericolosità, contenuta proprio in quella loro intrinseca proprietà, capace di contrarre al minimo il percorso naturale delle cose e degli eventi, attraverso la potenza distruttiva delle radiazioni e delle sostanze chimiche.

147

Questo processo di "accelerazione del tempo e dello spazio" è ottenuto in virtù di quell'opera di profanazione e di forzatura che non tiene in nessun conto quei principi e limiti etici superati i quali ogni "scoperta" umana o invenzione che sia trasfigura il suo scopo originario in effetto collaterale grave e letale.

Così, quei risultati sorprendenti che ad un osservatore ottuso e inconsapevole appaiono dei piccoli miracoli della moderna scienza in realtà sono gli effetti ridotti di una minuscola arma di distruzione di massa, che nel tempo daranno origine alle più svariate forme di patologie tumorali.

L'uomo è l'unica specie terrestre il cui sforzo non è quello di impiegare al meglio le qualità e attitudini naturali di dotazione, bensì di vivere disprezzandole e sostituendole con espedienti più 'comodi' e meno 'faticosi', con l'inevitabile effetto di atrofizzarle.

È la compiuta invasione del male. È la sconfitta della vita. È l'affanno dei palliativi per ritardare la fine. È il cancro della Terra, determinato dall'Uomo.

L'uomo-cancro ha saputo mettere al servizio della causa di annientamento della Terra che lo ospita anche quella che si dice sua unica prerogativa: la mente. Manipolando massivamente le menti più deboli e impreparate, le forze operanti del cancro sono riuscite a far cessare quasi del tutto quella naturale resistenza detta 'istinto di conservazione' e a generare addirittura favore ed entusiasmo (progressismo) della diffusione dell'orrenda malattia.

Si è giunti così ben presto, in meno di un secolo, a superare il momento in cui si potesse pensare al radicale intervento chirurgico che anticipasse le metastasi. E siamo qui, a contarci le ore.

E ALLA FINE NON MI FREGA UN CAZZO

Non mi frega un cazzo della velocità della luce, della teoria della relatività, della forza di gravitazione terrestre, dei buchi neri, e delle radiazioni solari – Né di sapere se c'è vita nell'universo, degli elettroni, dei protoni, dei bosoni e dei neutrini – della genetica, di Charles Darwin, dell'evoluzione e della creazione. Non mi frega niente di questa politica marcia e parassitaria, della finanza, della massoneria e del Nuovo ordine Mondiale!!!

Quello che so di certo è che ci stanno facendo schiattare di cancro, uno ad uno, dopo avere contaminato irreversibilmente l'ambiente, trasformandolo in una cloaca infetta e maleodorante – dopo averci omologati e resi schiavi – dipendenti e assuefatti alle ragioni di un Sistema che ci ha trasformati, da cittadini, in meri clienti classificabili sulla base del potere di acquisto e di consumo.

Io tutto questo lo so, e mi vergogno di questa umanità, totalmente inconsapevole della tragedia che, come un'ombra nera, volteggia sulla sua testa, e che a breve sancirà la sua fine.

L'unica vera scienza, afferma Lev Tolstoj, è sapere distinguere il bene dal male.

L'intelligenza coincide con il bene! La scienza moderna, non ha quindi alcun titolo di ritenersi quel soggetto trascendente, il solo a potere decretare la bontà o meno, l'efficacia o l'inutilità, la vita o la morte di qualsiasi altra cosa diversa dalle sue convinzioni e mal riposte certezze. La demenziale e ipocrita affermazione "non ci sono prove scientifiche che ne dimostrino la pericolosità" (con riferimento a tutto quel baraccone tecnologico e di sostanze chimiche che hanno contaminato e devastato il nostro habitat), è il leit motive sempre più gettonato da quel branco di scienziati fasulli al soldo del Potere Economico, che ogni giorno attentano alla nostra vita.

Con il noto giochino del "non è ancora stato provato", intendono mettersi al riparo da ogni controversia e addebito, rimandando la questione all'infinito e rimpallando le oggettive responsabilità su altri soggetti esterni.

In verità, la scienza moderna è quel fallimento totale prodotto da un'orda di figuri ben lontani dal concetto di bene comune che hanno concentrato ogni loro sforzo in virtù dell'interesse particolare e del potere. Individui senza coscienza, dignità e sensi di colpa, che al pari di diavoli dentro un delirio di onnipotenza hanno messo in atto quel piano di sterminio progettato da Satana in persona. La soluzione finale!

La chimica e la tecnologia sono la manifestazione più evidente del Maligno, metastasi del suo progetto di corruzione.

Dio guarisce dall'interno, mentre il Diavolo seduce dall'esterno.

Il nostro stato di salute fisica e di serenità psicologica è strettamente legato e dipendente da quella capacità connaturata di sapere decifrare i nostri veri bisogni: una responsabilità superiore che determina le nostre scelte oltre ogni condizionamento di sorta, plagio e dipendenza, e che ci fa decidere arbitrariamente ciò che è meglio per noi.

Ma oggi è impensabile, quando la propaganda mediatica messa in campo dal Sistema tradisce ogni soggettivismo, personalismo e giudizio critico, per imporsi come unico interlocutore referenziato della nostra coscienza.

Una manipolazione di massa delle nostre abitudini quotidiane, escogitata allo scopo di commercializzare, vendere e fare consumare ogni bene prodotto che il Sistema di Satana sponsorizza, decantandone le straordinarie proprietà e gli effetti miracolosi.

In verità è solo seducente farina del Diavolo, e come una droga porta all'assuefazione e contiene infinite controindicazioni e danni collaterali.

L'uso sistematico e protratto di detergenti, di detersivi, di pillole, di farmaci e di beveroni magici che la Bestia ci invita subdolamente a consumare, è di quanto più deleterio ci possa essere per la salute, per una vera bellezza e per un'esistenza gioiosa e serena. Creme alla paraffina e siliconi (Nivea, Glysolid, Dove, Vichy, Leocrema, ecc ...) non idratano, creano una sensazione fittizia di setosità della pelle, ma è il silicone ad essere setoso, non la nostra pelle. Essa in realtà è secca e arida, oppure impura e lucida, occlusa dai siliconi e dai petrolati. Questi ultimi sono cancerogeni di classe '2 oltre che comedogeni e fortemente inquinanti.

Come possiamo davvero credere che questa massa di futile mercanzia dalle illusorie aspettative possa generare un qualche vantaggio, se la stessa è causa di contaminazione ambientale, alimentare e di patologie incurabili?

Finiamola una buona volta di sperperare denaro per acquistare veleni che in seguito andranno a contaminare l'ambiente! Nessun prodotto patinato immesso sul Mercato del Grande Truffatore potrà mai produrre reali benefici.

È dal didentro che possiamo cambiare la nostra vita – attraverso scelte etiche e rivolgendoci alla natura.

151

Cosi, "fa' che il buon cibo sia la tua medicina e che la medicina sia il tuo cibo" – Ippocrate.

È la radice che va curata, assistita, dissetata – se i frutti dell'albero sono piccoli, bacati e in stato di necrosi, è del tutto inutile ma, direi anche stupido, trasformarli in palle di Natale luccicanti, quando presto marciranno e cadranno.

È da dentro che tutto si muove, germoglia e cresce. Ed è alla Natura che ci dobbiamo rivolgere: Lei, la sola capace di curare ogni dolore e malattia, portatrice di bellezza, fonte di gioia e di speranza.

La scienza, scrive Nikola Tesla, non è nient'altro che una perversione se non ha come suo fine ultimo il miglioramento delle condizioni dell'umanità.

Il vantaggio del Male è che lavora in discesa - diversamente dal bene che, passo dopo passo, sforzo dopo sforzo, chiodo dopo chiodo, arranca in solitudine lungo la china scoscesa della verità.

Indice

Progetto editoriale: Andrea Ga'lelli
Revisione bozze: Paulina Federova
Ideazione grafica di Ginevra dell'Orso

www.ingramcontent.com/pod-product-compliance
Lightning Source LLC
Chambersburg PA
CBHW072125280526
45788CB00002B/543